JN299799

わたしを
わたし律する

子どもの
抑制機能の発達

森口佑介 著

Premiere Collection

京都大学学術出版会

プリミエ・コレクションの創刊にあたって

「プリミエ」とは，初演を意味するフランス語の「première」に由来した「初めて主役を演じる」を意味する英語です。本コレクションのタイトルには，初々しい若い知性のデビュー作という意味が込められています。

いわゆる大学院重点化によって博士学位取得者を増強する計画が始まってから十数年になります。学界，産業界，政界，官界さらには国際機関等に博士学位取得者が歓迎される時代がやがて到来するという当初の見通しは，国内外の諸状況もあって未だ実現せず，そのため，長期の研鑽を積みながら厳しい日々を送っている若手研究者も少なくありません。

しかしながら，多くの優秀な人材を学界に迎えたことで学術研究は新しい活況を呈し，領域によっては，既存の研究には見られなかった溌剌とした視点や方法が，若い人々によってもたらされています。そうした優れた業績を広く公開することは，学界のみならず，歴史の転換点にある21世紀の社会全体にとっても，未来を拓く大きな資産になることは間違いありません。

このたび，京都大学では，常にフロンティアに挑戦することで我が国の教育・研究において誉れある幾多の成果をもたらしてきた百有余年の歴史の上に，若手研究者の優れた業績を世に出すための支援制度を設けることに致しました。本コレクションの各巻は，いずれもこの制度のもとに刊行されるモノグラフです。ここでデビューした研究者は，我が国のみならず，国際的な学界において，将来につながる学術研究のリーダーとして活躍が期待される人たちです。関係者，読者の方々ともども，このコレクションが健やかに成長していくことを見守っていきたいと祈念します。

第25代　京都大学総長　松本　紘

もくじ

序　章　わたしを律する —— 抑制機能という視点から —— 1
　　　　はじめに　1
　　　　1　実行機能と抑制機能　3
　　　　2　抑制機能の神経基盤　7

第1章　抑制機能の発達　11
　　　　1.1　発達心理学における抑制機能　12
　　　　1.2　抑制機能の発達に関する神経科学的証拠　15
　　　　1.3　乳児期における抑制機能の発達　17
　　　　1.4　就学前期における抑制機能の発達　19
　　　　1.5　就学期以降における抑制機能の発達　27
　　　　1.6　抑制機能と発達障害　28
　　　　1.7　本書の目的　31

第2章　抑制機能と社会的知性の発達　39
　　　　2.1　抑制機能と心の理論　39
　　　　2.2　抑制機能と社会的知性の発達　47
　　　　2.3　抑制機能とコミュニケーション発達　49
　　　　2.4　抑制機能と肯定バイアスに関する検討　52
　　　　2.5　社会的世界における抑制機能の役割 (1)　60

第3章　抑制機能と他者の行動　63
　　　　3.1　子どもにみられる過剰な社会性　63

3.2 脳損傷患者にみられる模倣行動　70
3.3 抑制機能と模倣行動　71
3.4 抑制機能と他者の行動に関する検討　73
3.5 抑制機能とメディアに関する検討　85
3.6 抑制機能と他者　90

第4章　抑制機能と物理的刺激　95
4.1 刺激の種類　95
4.2 社会的刺激に対する感受性　97
4.3 ロボットは子どもの行動に影響を与えるか　99
4.4 社会的世界における抑制機能の役割 (2)　109

第5章　抑制機能と文化　115
5.1 文化と認知発達　115
5.2 氏か育ちか —— 抑制機能の場合　118
5.3 抑制機能の発達に文化差はあるか　120
5.4 カナダと日本の文化比較　121
5.5 抑制機能と文化　124

第6章　ヒト以外の動物における抑制機能　129
6.1 ヒト以外の動物における前頭前野　129
6.2 ヒト以外の動物における抑制機能　131
6.3 チンパンジーにおける抑制機能　132
6.4 チンパンジーにおける心の理論　134
6.5 チンパンジーとヒト幼児の比較研究　135
6.6 抑制機能の進化　142

第 7 章　抑制機能の発達的意義　　147

　　7.1　得られた知見のまとめ　　148
　　7.2　社会的世界における抑制機能の発達的意義　　150
　　7.3　社会的世界における抑制機能の進化的意義　　152
　　7.4　子どもの社会的感染に関する進化発達的考察　　155
　　7.5　抑制機能に関する研究の限界と可能性　　157

引用文献　　161
あとがき　　189
索　引　　191

序　章

わたしを律する
―― 抑制機能という視点から ――

はじめに

　　こいたろう「ねえ　もう　いいんじゃないかな〜　かめぞうさん」
　　かめぞう　「ならぬぞ，こいたろう。いま　けろこさんは　かいもの
　　　　　　　に　いっておる。かえってくるまで　がまんじゃ」

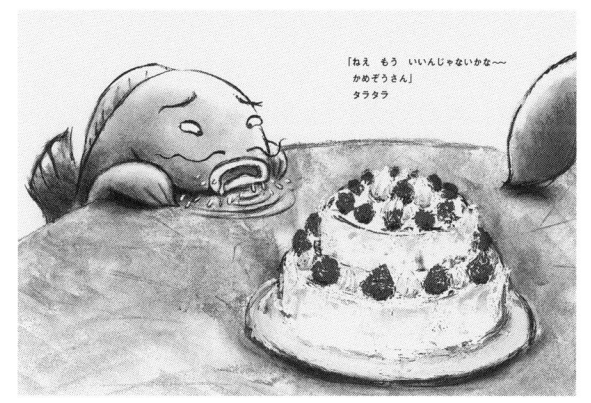

（かがくいひろし著『がまんのケーキ』pp. 2-5）

序章　わたしを律する —— 抑制機能という視点から ——

　これは，かがくいひろし著の絵本『がまんのケーキ』の一節である。目の前においしそうなケーキが置かれている状況で，主人公のこいたろうは，涎を垂らしながらそのケーキを見つめている。友達のけろこさんが買い物に行っているので，その間ケーキを食べるのを我慢しているのである。この本では，こいたろうがかめぞうと会話をしたり，空想にひたったりするなどして，ケーキを我慢する様子がユーモアたっぷりに描かれている。このような幼児向けの絵本でみられるように，幼い子どもは，自分を律することが難しい。

　もう1つ例を挙げてみよう。保育園での自由時間に，ある子どもがサッカーをして遊んでいるとする。自由時間が終わると，サッカーをやめてボールを片付けなければならない。ところが，3歳程度の子どもは，自分がしていること，つまり，サッカーをするという行動を律することができない。そのため，自由時間が終わってしまっているのに，サッカーをし続けてしまう。

　このように，子どもは，「したいこと」や「していること」を優先させてしまい，「すべきこと」をするのに苦労する。幼い子どもには，自分を律する能力が備わっていないのである。このような能力を，心理学の言葉で抑制機能という。子どもは，いつ自分のことを律することができるようになるのだろうか。また，自分を律することに，どのような発達的な意義があるのだろうか。社会的場面において子どもは自分をどのように律するのだろうか。本書ではこのような問題について考えていきたい。まず，序章では，抑制機能という概念がいかなるものかについて紹介する。

1　実行機能と抑制機能

> 心的進化が進むにつれて，人間の意識はますます複雑になり，これとともに抑制も増加して，全ての衝動がこれに支配される。われわれ英語国の人間は，常に真実を語らなければならないと感じるために，どれほど言論の自由を失っているのだろうか！
>
> （ウィリアム・ジェームズ『心理学（下）』p. 287）

　心理学の父であるウィリアム・ジェームズは，その著『心理学』のウィットに富んだ文章の中で，人間の意識がその進化とともに抑制という属性を発達させたと述べている。彼は，「意志」という章の中で，人間の意識は本来の性質としては衝動的なものであり，欲求や習慣といった心的状態は強い衝動的な性質を持ち，運動を引き起こしやすいと述べている。しかし，衝動的な性質を持たない心的状態が優勢になることもあり，それは「努力」によって実現されるという。

　ジェームズによって心理学で使用された抑制という概念は，近年の認知心理学や発達心理学，および認知神経科学などの領域で大きな広がりをみせている。本節では，抑制機能とはどのような概念であるかについてみていく。しかし，抑制機能という概念を理解するためには，その上位概念である実行機能（executive function）を理解する必要がある。そのため，実行機能という概念がどのようなものなのか，どのような歴史的な経緯から生まれてきたのかについて概観してみよう。

　実行機能とは，高次の認知的制御および行動制御に必要とされる能力であり，目標志向的行動や注意制御，行動の組織化などに関わる多次元的な概念であるとされる（Burgess, 1997; Duncan, 1986）。より簡潔に言い換えると，目標到達のために，意識的に行動を制御する能力である。実行機能の研究は，Phineas Gage に代表されるような前頭葉損傷患者の症例から始まったといえる（Harlow, 1848）。前頭葉損傷患者は，言語や記憶，知覚

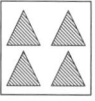

図1　Wisconsin Card Sorting Task（WCST）

などの認知機能を保っているが，感情の制御や行動の計画およびその実行などが難しい。彼らが特異的に困難を示す課題として，Wisconsin Card Sorting Task（WCST）が有名である（Grant & Berg, 1948, 図1）。この課題では，参加者は色・数・形などのルールに従ってカードを分類するように求められる。課題のルールは実験者からは告げられず，正誤のフィードバックを手がかりとして正しいルールを推測しなければならない。例えば，色が正しいルールであるとき，カードを色で分類したら，実験者は「正解」と告げ，異なる色の標的のところにカードを分類したら，「不正解」と告げる。そして，参加者が数試行で連続正答すると，実験者はルールを変える。色ルールから数ルールへ，数ルールから形ルールへと，実験の中で正しいルールが変わっていくのである。

　この課題で必要とされるのは，どのルールが正しいかを推論する能力や，それまで使用していたルールを抑制する能力，新しいルールにシフトする能力，間違いに気づく能力などである。この課題を前頭葉損傷患者に与えると，彼らは最初のルールを検出し，そのルールを使用することはできるが，ルールの変化には対応できない（Milner, 1963）。ルールが変化しても，最初に使用したルールを使用し続けるのである。こういった行動を固執的行動という。

　実行機能の研究は，このような脳損傷患者の事例報告を中心に進んできたが，近年は健常な成人を対象とした研究が増加し，それらをもとに様々

なモデルが提唱されている。モデルは多岐にわたるが，おおまかには2つに分類することができる。1つは，実行機能を単一だとする考えであり，もう1つは，実行機能を複合体だとする考えである。

実行機能が単一であるとする主張と関連するのは，Baddeleyらのワーキングメモリ（working memory）モデル（Baddeley, 1986, 1996）と，ShalliceらのSAS（Supervisory Attentional System）モデル（Norman & Shallice, 1986; Shallice, 1988）である。ここでは，後者について紹介する。

このモデルには，まず，スキーマコントロールユニット（Schema control units）と呼ばれる，行動の単位がある。ここでのスキーマ[1]とは，運動や行動を引き起こすための表象のことを指す。このようなスキーマは，様々な要因によって引き起こされるが，特にShalliceらは，知覚的な入力の重要性を強調している。何かを知覚したときに，あるスキーマが惹起されるということである。例えば，字を見ると，発話スキーマが惹起される。しかしながら，現実の世界においては，知覚的な入力は複数であり，惹起されるスキーマも複数である。Shalliceらによれば，ここに，2つの選択過程が潜むという。1つは，コンテンションスケジューリング（contention scheduling）であり，複数のスキーマが活性化し，それらが競合する場合（1つのスキーマが，右足で蹴る，もう1つのスキーマは，右足で踏むの場合），それらのスキーマは互いに抑制しあい，最終的に1つのスキーマのみが行動として表出される。これは，自動的な選択過程である。もう1つがSASと呼ばれる自律的な過程であり，実行機能の概念と符合する。このSASにより，われわれは特定のスキーマを意識的に選択できるという。例えば，スキーマAとスキーマBが混在するとき，スキーマAは当該の状況に適切だが，過去の経験からスキーマBが惹起されやすいとする。例えば，日本人が北米人と会話をする際に，英語を話すことはスキーマAで

---

[1] 発達心理学では，スキーマとは通常，構造化された知識の集合のことを指すが，Shalliceのモデルではより行動との結びつきが強い心的表象のことを指す。

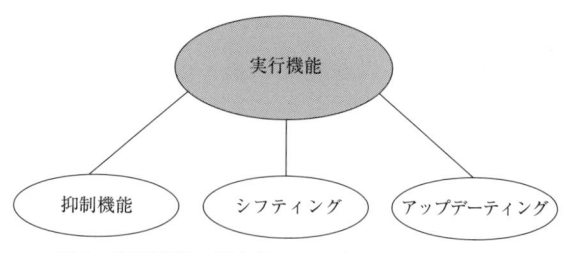

図2　実行機能の複合体モデル（Miyake et al., 2000）

あり，日本語を話すことがスキーマ B である。この際，能動的にスキーマ A を選ぶ過程に SAS が関わっている。このようなスキーマ間の重み付けが異なる状況や，新奇な状況，間違い検出やプランニングなどの状況に SAS が必要とされると考えられている。ジェームズの「努力」という概念に近いかもしれない。

　近年はこのような単一モデルを考慮しながら，実行機能を複数の要素に分けようとする試みがなされている。近年最も広く受け入れられているのは，Miyake et al.（2000）のモデルである。彼らは，それまでの実行機能研究についての詳細なレビューの後に，「抑制機能（inhibition）」，「シフティング（shifting）」，「アップデーティング（updating）・ワーキングメモリ」の3要素が高次の認知的制御において特に重要であるとした（図2）。抑制機能とは，当該の状況で優位な行動や思考を抑制する能力であり，Stroop 課題や Stop Signal 課題（いずれも次節参照）などで測定される（Stroop, 1935）。シフティングとは，課題を柔軟に切り替える能力（タスクスイッチング, task switching）であり，Number-Letter 課題[2]などで検討される（Rogers & Monsell, 1995）。アップデーティングとは，ワーキングメモリに保持され

---

2)　この課題では，数と文字がスクリーン上に提示される（例えば，"3K"）。参加者は，この刺激がスクリーン上方に提示されたら数が奇数か偶数かの判断を，スクリーン下方に提示されたら文字が母音か子音かを判断するように求められる。

ている情報を監視し，更新する能力であり，N-back 課題[3]などで検討される（Awh, Smith, & Jonides, 1995）。このモデルは，実証的に支持されており，近年の実行機能研究は，このモデルをもとに進展している（Huizinga, Dolan, & van der Molen, 2006; Lehto et al., 2003）。

ジェームズによって指摘された抑制という概念は，このような形で現在の認知心理学や神経心理学における実行機能の研究の中に受け継がれている。次節では，実行機能の神経基盤について概観する。

2　抑制機能の神経基盤

前節で述べたように，実行機能は前頭葉と密接に関連している。前頭葉の中でも，特に，前頭前野（prefrontal cortex, 前頭連合野ともいう）が重要な役割を担っていると考えられている。前頭前野とは，前頭葉における連合野であり，運動前野の前に位置する(図3)。ヒトを含む霊長類においては，大きく3つの領域，外側部（lateral），内側部（medial），眼窩部（orbital）から構成される（Fuster, 2002）。この前頭前野は，ヒトにおいて著しく発達しているとされており，ヒトの大脳皮質の約 29% を占める。前頭前野は，皮質および皮質下の様々な領域と関連している連合野である。前頭前野の3つの領域はそれぞれ密接に結びついており，それぞれが視床とも連合している。その一方で，内側部や眼窩部は，視床下部や他の辺縁系の領域と繋がっているのに対し，外側部は大脳基底核や他の連合野とも結びついているという（Fuster, 1997, 2002）。また，外側部は海馬とも繋がっていると考えられており，外側部が認知機能との関連が深いと思われる。抑制機能

---

[3] この課題では，参加者は系列的に文字を提示される。そして，スクリーン上に提示されている文字が，それ以前の文字と同じであるかどうかを判断させられる。例えば，2-back 課題であれば，現在の文字と2つ前の文字とが同じかどうかを判断しなければならない。

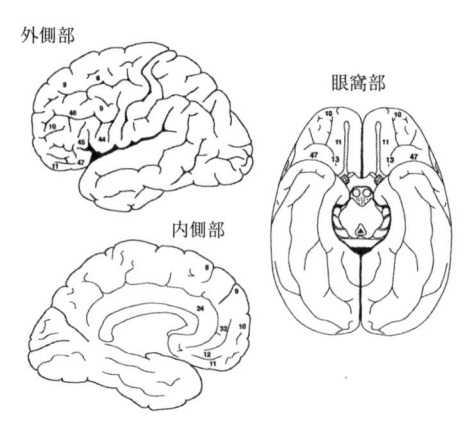

図3 前頭前野の外側部（lateral），内側部（medial），眼窩部（orbital）。数字が記されている部分が前頭前野。
(Fuster, 2002, Figure 1; Springer Science+Business Media の許可により転載。© 2002, Springer Netherlands)

も外側部との関連が強いと考えられている。

　ここでは，抑制機能の神経基盤についてみていく。抑制機能については，Stroop 課題と Stop Signal 課題を用いて多くの研究がなされている。Stroop 課題では，参加者は，書かれている文字の色を答えるように教示される。文字の意味が，文字の色と関係のない場合（中立文字），参加者は容易に文字の色を答えることができる。しかしながら，文字の意味がその色と関係あり，しかも異なる場合（不一致文字），参加者は困難を示す。例えば，青色の「あか」という文字，黒色の「みどり」という文字の色を答えるような場合である。これは，文字の意味が，文字の色を答えることを阻害するためであり，参加者は文字の意味を答える傾向（優位な行動）を抑制しなければならない。前頭葉損傷患者，特に左の背外側前頭前野損傷の患者は，Stroop 課題において，エラーが多く，反応時間も長いという（Perret, 1974; Stuss, Floden, Alexander, Levine, & Katz, 2001）。また，機能的核磁気共鳴画像法（fMRI）などの神経イメージング研究の結果からは，Stroop 課題を

正しく遂行するには前部帯状回と呼ばれる前頭の領域や（Bench et al., 1993; Pardo, Pardo, Janer, & Raichle, 1990），背外側前頭前野を含む広範な領域が関与しているとされている（Zysset, Muller, Lohmann, & von Cramon, 2001）。

　Stroop 課題と並んでよく用いられる課題が，Stop Signal 課題や Go/Nogo 課題（第 1 章 1.4 参照）である（Logan, 1994）。Stop Signal 課題では，ある刺激が提示されたときに，参加者は優位な反応を抑制しなければならない。例えば，まず，参加者は 24 の語を提示され，キー押しでその語を生物か非生物に分類させられる。ここで，参加者は「分類する」という優位な反応を形成する。次の段階では，同様に語を分類するように求められるのだが，25％程度の試行において，刺激がビープ音を伴う。この試行では，参加者は分類（優位な行動）してはならない。この試行において，キー押しを抑制できるかどうかを検討する。この課題についても，背外側前頭前野が重要な役割を担っている可能性が示されている。背外側前頭前野を切除したサルに Go/Nogo 課題を与えると，反応すべきでない試行においても，反応してしまうという（Iversen & Mishkin, 1970; Butters, Butter, Rosen, & Stein, 1973）。また，神経イメージング研究も，反応すべき試行と反応すべきでない試行を含むブロックと，反応すべき試行だけを含むブロックを比べた際に，前者のブロックにおいて背外側前頭前野が有意に活動することを示している（Casey et al., 1997; Kawashima et al., 1996）。さらに，Konishi et al.（1999）は，Go/Nogo 課題において優位な反応を抑制する能力は，右の下前頭領域に局在する可能性を示唆した。いずれの課題においても，抑制機能は，前頭前野の諸領域と深い関わりがあることが示唆される。

　本章では，抑制機能の定義，モデルおよびその神経基盤について概観してきた。このように，成人における抑制機能の研究は，モデルの検証と，神経基盤の特定が中心となっている。
　おそらくは，抑制機能がヒトにおいて著しく発達することによって，複

雑かつ多様な外界において自らの行動と思考を制御し，状況にふさわしい行動や思考を選択できるようになったのであろう。そのような能力が備わったことにより，われわれは自分を律し，理性的な存在になることができたのかもしれない。しかしながら，生まれながらにしてそのような能力が備わっているわけではない。これらの能力は，いつ，どのように備わっていくのであろうか。次章では，抑制機能の発達経路について概観していく。

第1章

抑制機能の発達

「幼児期，ある種の疲労の状態，および特定の病理状態にあっては，抑制力が衝動的発射の爆発力を抑え得ない」
（ウィリアム・ジェームス『心理学（下）』p. 288）

　序章では，成人の研究をもとに，抑制機能の概念，モデルおよび神経基盤を概観した。それらを総括すると，この抑制機能は，認知的制御および行動制御を担っており，様々な刺激が存在する外界において，ヒトが自分の思考や行動を制御し，その状況に即した行動を選択することを可能にしたと同時に，ヒトが自分を律し，理性的な存在になることにも関与したものと考えられる。しかしながら，ジェームズが述べているように，ヒトは生まれながらにして自分の思考や行動を制御できるわけではない。「完成した」成人の抑制機能を探ることと同様に，いつ，いかにしてそのような能力が獲得されるのか，どのように外界に適応していくのか，また，その能力がヒトの個体発生の中でいかなる意味を持ちうるのかを検討することも，重要な意義を持つ。第1章では，これまでの抑制機能の発達的研究を

レビューする。そして，それらの先行研究の問題点を指摘し，本書の目的について説明する。

1.1 発達心理学における抑制機能

　実行機能や抑制機能の発達研究の歴史はそれほど古いものではない。そのルーツは，ソビエトの心理学者，Luria に遡ることができる (Luria, 1966, 1973)。半世紀前に始まった実行機能の発達研究は，Luria 以降，あまり進展しなかったが，"self-control" や "self-regulation" という文脈での研究は進展しており，実行機能の概念と一部重なっている。Miller, Shelton, and Flavell (1970) などが言語と運動抑制の関連について検討を重ねていった（詳しくは，柏木 (1983) を参照）。しかしながら，最近 15 年ほどで実行機能の発達研究は著しく進展した。1つの理由は，第2章で詳述するが，実行機能の発達が，発達心理学において最も注目を集める分野である，「心の理論 (theory of mind)」研究との接点を持ったことである (Perner & Lang, 2000)。これにより，実行機能・抑制機能およびその発達が一躍脚光を浴びることになった。

　このことを裏付けるように，近年は，実行機能や抑制機能の発達に関する研究が飛躍的に増加している。心理学の文献検索データベースである PsycINFO を用いて，"executive function"（実行機能）をキーワードに，12歳までの子どもを対象とした研究を検索すると，1986年から1995年の10年では48件の研究が見つかるのに対して，1996年から2005年では458件と，ここ10年で約10倍に増加している。同様に "inhibitory control"（抑制制御）をキーワードにして検索すると，1986年から1995年では22件の研究が見つかったのに対して，1996年から2005年では192件であった。実行機能の発達が，発達科学の研究において近年注目されている証拠であろう。

それでは，実行機能の発達モデルについて概観してみよう。実行機能は幼児期に急激に発達し，その後青年期まで緩やかな発達が続くということが知られている (Anderson, 2002)。これに，高齢者においては様々な要因によって機能が低下したり，機能不全に陥ったりするという逆U字型の発達の知見（例えば，Zelazo, Craik, & Booth, 2004）を加えることで，実行機能における生涯発達の経路が浮かび上がる。本書では特に最も「重要な変化」(Kloo, 2003; Zelazo & Müller, 2002) であると考えられる就学前期に焦点をあてる。

　Miyake et al. (2000) の実行機能モデルが与えたインパクトは大きく，近年は，このモデルが子どもや高齢者に適用可能か否かが検討されている。まず，Lehto et al. (2003) が，8歳から13歳の子どもを対象に実験を行い，Miyake et al. (2000) のモデルがこの年齢層にもあてはまるかを検討した。その結果，Miyake et al. (2000) と同様に，この年齢においても，抑制機能，シフティング，アップデーティング（ワーキングメモリ）の3因子が抽出された。また，Huizinga et al. (2006) は，7, 11, 15, 21歳を対象に，Miyake et al. (2000) と類似した課題を用いて同様の検討を行った。その結果，シフティング，アップデーティング（ワーキングメモリ）の2要因は抽出することができたが，抑制機能は抽出できなかった。ただし，これらの抑制機能課題の成績は，シフティングやアップデーティング（ワーキングメモリ）に属する課題の成績とは明確に区別されることから，Huizinga et al. (2006) は，Miyake et al. (2000) のモデルが支持されたと述べている。さらに，Fisk and Sharp (2004) は20歳～81歳の成人を対象に実験を行い，同様の分析を施した。その結果，抑制機能，シフティング，アップデーティング（ワーキングメモリ）を含む4因子[1]が抽出された。

　このように，7歳以降の子どもには，抑制機能，シフティング，アップ

---

[1] 4つ目の因子は，長期記憶の検索効率である。対象に高齢者を含んでいることによると思われる。

デーティング（ワーキングメモリ）の3因子モデルがあてはまる。しかしながら，7歳以下の子どもを対象にした場合は事情が異なるようだ。年少の子どもを対象とした研究で，因子分析を実施したものがいくつか存在するが，統一した見解は得られていない。Welsh et al. (1991) は，3歳から12歳の子どもを対象とした実験から，プランニング，即時的な反応 (speeded responding)，課題セットの保持 (set maintenance) の3つの要素から構成されるモデルを提唱している。Hughes (1998) は，3, 4歳児を対象に，抑制機能，ワーキングメモリ，注意制御 (attentional control) の3因子モデルを主張している。Garon, Bryson, and Smith (2008) は，徹底的なレビューをもとに，就学前児にも抑制機能，シフティング，ワーキングメモリの3要素が認められることを示唆している。一方，Wiebe, Espy, and Charak (2008) がMiyake et al. (2000) と同じ分析を施したところ，6歳以下の子どもでは，実行機能は複数の要素に分割されるというよりは，単一の存在である可能性が示された。

　本書では，以下の理由から抑制機能とワーキングメモリ[2]を重視する。まず，Barkely (1997) は，実行機能の最も基礎的な能力は抑制機能であるとしている。また，Welsh et al. (1991) や，Hughes (1998), Garon et al. (2008) のいずれの分析にも抑制機能が含まれている。これらの知見と，Diamond and Taylor (1996) が，抑制機能とワーキングメモリの発達が就学前期の著しい変化において重要であると示唆していることなどを踏まえて，本書では，幼児期の実行機能とは，少なくとも抑制機能とワーキングメモリの2つの要素から構成されると考え，特に抑制機能に着目する。

---

[2] ここでのワーキングメモリと Miyake et al. (2000) のアップデーティングが類似した過程であるか否かについては明確な結論は出せないが，少なくとも就学前児で用いられている課題が部分的にはアップデーティングの要素を含むため，ここでは類似した過程だと捉える。ただし，ほとんどの研究がワーキングメモリと表記しているため，そのように表現する。

ここまでの議論をまとめると，3歳から5歳ころまでには，抑制機能とワーキングメモリが発達する。その後，7歳ころから抑制機能，シフティング，ワーキングメモリの3つの能力が同定されるようになり，成人期にいたるまで発達が続いていく。もっとも，これらの能力の発達時期は同じではなく，別々の発達経路を持つ（Anderson, 2002）。

1.2　抑制機能の発達に関する神経科学的証拠

　序章で概観したように，抑制機能は，前頭前野と深く関わりがある。そのため，抑制機能の発達を考える際に，前頭前野の成熟時期は1つの重要な証拠となりうる。以下，これまで得られている神経科学的な証拠について紹介する。

　前頭前野は，他の領域と比べても，最も成熟するのが遅い領域だと考えられている。Luria（1973）は，前頭前野は，4歳から7歳ころまでに，ようやく行動に反映される，と述べている。また，Golden（1981）は，12歳から15歳までは前頭前野は機能しておらず，20歳以降に成熟すると主張している。加えて，神経生理学的な証拠も，前頭前野の成熟が他の脳領域と比べても遅いことを示している。例えば，シナプスは，発達早期に互いに結合した後，不要なものが除去されていくというプロセス（シナプスの刈り込み）を辿るが，その時期が，視覚野に比べると，前頭前野は数年遅いことが知られている（Huttenlocher & Dabholkar, 1997）。

　しかしながら，神経生理学的研究や臨床研究から，前頭前野の成熟が他の領域と比べると長い期間を要するのは確かだが，発達早期から機能している可能性が示唆されている。Diamondとその共同研究者による，アカゲザルを用いた研究は，この点に関して重要な知見を提供した。彼女達は，発達心理学における重要な問題の1つである，A-not-B課題（Piaget, 1954）を用いて，ヒトの前頭前野が比較的早期から機能している可能性を示し

た。この課題では，箱Aに玩具を隠し，乳児に探索させる。これを数試行繰り返した後に，乳児の目の前で箱Bに玩具を隠し，乳児に再び探索させる。この課題で，9ヶ月に達しない乳児は，箱Aを探索し続けてしまうが，12ヶ月ころまでに正しい探索ができるようになる。Diamond and Goldman-Rakic (1989) は，健常なアカゲザルと，両側の背外側前頭前野を除去したアカゲザルにこの課題を与えた。その結果，健常なサルはヒトの12ヶ月児と同様に正しく箱Bを探索することが可能だったが，前頭前野を除去されたサルは，9ヶ月未満のヒト乳児と同様に，箱Aを探索し続けてしまった。直接的な証拠ではないものの，この結果から，ヒト乳児がこの課題を通過するには，前頭前野の成熟が必要であり，この時期からヒトの前頭前野が機能していると推測された。

　生理心理学的な手法によっても同様の発見がなされた。Bell and Fox (1992) は，脳波 (EEG) を指標として，乳児を対象に，A-not-B課題と前頭前野の関連を検討した。その結果，A-not-B課題の成績と，前頭領域や頭頂領域の6-9HzのEEGパワーが相関していることが示された。加えて，Eslinger, Biddle, and Grattan (1997) は，早期の前頭前野の障害が，子どもの行動に大きな影響を及ぼすことを示した。もし早期から前頭前野が機能していないのであれば，子どもの行動に影響はみられなかったはずである。

　解剖学的・生化学的にみても，1歳前後に前頭前野の成熟は始まっていると考えられる。例えば，ヒトの前頭前野のIII層にある樹状突起は，7.5ヶ月から12ヶ月にかけて著しく成長するという (Koenderink, Uylings, & Mrzljak, 1994)。このような変化は1歳から2歳の間にかけてはあまりみられないが (Diamond, 2002)，2歳から5歳にかけて，再び著しい成長がみられる (Mrzljak, Uylings, van Eden, & Judas, 1990)。さらに，背外側前頭前野におけるニューロンの密度は，3歳から7歳にかけて，著しく変化し，成人の水準に近づく (Huttenlocher, 1990)。

これらの知見を考慮すると，前頭前野は発達早期から機能しており，成熟が始まっている可能性は極めて高いと考えられる。一方で，前頭前野の成熟が遅いという指摘も的外れではない。事実，比較的早期に発達が始まったとしても，前頭前野は青年期まで成熟が続くことが知られている（Hudspeth & Pribram, 1990; Orzhekhovskaya, 1981; Thatcher, 1991）。このことは，頭囲の成長率が7歳，12歳，15歳でピークを迎えること（Epstein, 1986），前頭前野の髄鞘形成が成人期まで続くこと（Yakovlev & Lecours, 1967），前頭前野の新陳代謝および脳電位活動の変化が青年期まで続くこと（Thatcher, 1992），前頭前野の灰白質の成熟は，他の脳領域と比べて，長期間を要するというMRI研究が報告されていること（Giedd et al., 1999; Gogtay et al., 2004）などによって裏付けられている。これらをまとめると，前頭前野は，発達早期から成熟は始まるものの，その成熟が，幼児期，児童期，青年期，成人期という発達の各時期にまたがって続いていくということになるであろう。

1.3　乳児期における抑制機能の発達

　ここまで，実行機能の発達モデルやその神経基盤について概説してきた。以降では，特に抑制機能に着目して，乳児期，幼児期，児童期における発達的変化について述べていく。

　まず，乳児期での変化についてレビューをする。1.1節では，この時期のモデルについて議論はしなかった。この時期の研究が，モデルを構築できるほど多くないためである。しかしながら，1.2節でも触れたように，A-not-B課題を用いた研究で，乳児期においても抑制機能が発達している可能性が示唆されている（Diamond, 1985）。

　A-not-B課題のほかに，対象探索課題もよく用いられる（Diamond, 1990）。この課題では，玩具が透明の箱の中に置かれる。その箱は，前面

は穴が空いておらず，側面の1箇所のみが空いている。つまり，前面から玩具を見ることはできるが，そのまま手を伸ばしても玩具は取れない。玩具が見える面と，手を伸ばして玩具を取ることのできる面が異なるのである。この課題では，前面に手を伸ばす傾向を抑制する能力が必要とされる。6-8ヶ月児は，前面に手を伸ばしてしまい，その傾向を抑制できない。月齢を追うごとに，その傾向を抑制し，側面から玩具を取れるようになる。そして，12ヶ月ころまでには，ほとんど困難なくこの課題を通過することができるという[3] (Diamond, 1991)。

近年は上記のような探索行動を指標とするものに加えて，乳児の視線行動を指標とする研究がなされている (Holmboe et al., 2009; Kovács & Mehler, 2009)。例えば，Holmboe et al. (2009) は，サッケード[4] を指標としたFreeze-Frame課題において，9ヶ月児の抑制機能を検討した。この課題では，乳児は画面中央にアニメーション（報酬）を提示される。アニメーション提示中に，画面の周辺領域にディストラクタ（妨害刺激）が提示される。もし乳児がディストラクタを注視すると，画面中央のアニメーションが動かなくなる。乳児はアニメーションの続きが見たければ，ディストラクタを注視する行動を抑制しなければならない。この実験には，アニメーションが魅力的な試行と退屈な試行が含まれていたが，前者において乳児は有意にディストラクタを注視しなかった。また，実験の進行とともに乳児はディストラクタを注視しなくなった。この研究から，乳児が報酬を得るという目標到達のために，不適切な行動（ディストラクタへの注視）を抑制できることが示された。

視線を用いた研究の数はまだ十分ではないが，このような研究が進展すれば，探索行動よりも早期の抑制機能の発達を検討できる可能性がある。

---

[3] 背外側前頭前野損傷のサルや，前頭前野内のドーパミンのレベルを低下させる物質（MPTP）を投与されたサルはこの課題を通過できない。
[4] 視対象の方向に目を向けるために生じる急速な眼球運動。

また，幼児期との連続性も検討できるかもしれない。

1.4　就学前期における抑制機能の発達

　多くの研究が示すところによると，実行機能や抑制機能は3歳から5歳にかけて著しい発達をみせる（Zelazo & Müller, 2002）。冒頭で述べたように，3歳児は，ある行動や思考が優位であるとき，別の行動や思考を選択するべきときにも，優位なものを選択し続けてしまう。つまり，彼らの行動および思考には柔軟性がない。前頭葉損傷患者にみられるような固執的な行動をみせる傾向がある。4歳，5歳と発達していくうちに，そのような傾向が減少していく。もちろん，固執的な行動が完全に消失してしまうわけではない。5歳以降も実行機能の発達は続くし，成人であってもある状況下では固執的な行動をとってしまうこともある。しかし，この3歳から5歳にかけての変化は，急激で，極めて重要だと考えられる（Zelazo & Müller, 2002）。以下では，様々な課題を紹介し，3歳児はどのような行動をとってしまうのか，5歳ころまでにどのような変化がみられるのかについてレビューをする。加えて，日常の行動との関連や脳内基盤などの，この時期を対象にした近年の研究を紹介する。

幼児を対象とした抑制機能課題
○ Windows 課題
　1990年以降の実行機能の発達研究は，Russellら（Russell, Hala, & Hill, 2003; Russell, Mauthner, Sharpe, & Tidswell, 1991）が開発したWindows課題に端を発したといえる。この課題は，当初は心の理論の発達，とりわけ，欺き行動の発達を評価する課題として考案されたが，後の研究により，この課題を通過するには，欺く能力のほかに，抑制機能が必要であることが示された（Carlson, Moses, & Hix, 1998）。この課題では，中が空の箱と中に報

酬が入っている2つの箱を用意する。それらの箱には「窓」があり，中身が見える。そして，子どもは，その報酬を得るためには，実験者を欺かなければならない。具体的には，実験者がどちらかの箱を窓から覗くという状況において，空の箱を指差さなければならないのである。この課題で，3歳児は，報酬が入っている方の箱を指差してしまうが，4，5歳ころまでに欺くことができるようになる。

　Carlson et al. (1998) によると，この課題の難しさは，知っているものを指差す傾向（指差しの習慣）を抑制できないことにあるという。事実，子どもが指差す代わりに，箱に写真を置くことで実験者2を欺く場合には（写真条件），指差しのとき（指差し条件）よりも，有意に成績が向上するという。ただし，3歳児の写真条件の成績は，依然として4歳児よりも低いため，抑制機能だけでなく心の理論（欺き能力）も必要とされる課題であると思われる。そのため，純粋な抑制機能課題としてはあまり用いられてはいない。

○ **Go/Nogo 課題**

　Go/Nogo 課題は，成人の研究から比較研究まで広く用いられている。子どもを対象とした研究では，Luria の Light 課題がその始まりといえる (Luria, 1961)。この課題では，子どもはスクリーンが青いときにはボールを掴み，スクリーンが赤いときにはボールを掴まないように教示される。3歳の子どもはスクリーンが赤いときにもボールを掴んでしまうが，5歳ころまでにこの課題を通過することができるようになるという。1990年以降には，新しい Go/Nogo 課題が開発された (Simoson & Riggs, 2007)。この課題では，いくつかの箱が用意され，その箱の蓋に，2種類の絵が描かれている。子どもは，ある絵が描いてある箱には報酬（ステッカーなど）が入っており，別の絵が描いてある箱には報酬が入っていないことが告げられ，報酬が入っている箱のみ開けるように教示される。その結果，年少の

子どもは全ての箱を開ける傾向があるが，5歳ころまでに成績が向上し，報酬の入っていない箱を開ける傾向を抑制できるという (Livesey & Morgan, 1991; Simpson & Riggs, 2007)。Simpason and Riggs (2007) は，様々な条件を比較し，年少児が課題に通過できないのは，単純な教示の理解の問題などではなく，報酬の入っていない箱を開ける傾向を抑制できないことによるという結論を出している。

○ Stroop 課題

　成人の抑制機能課題として広く用いられているものに，Stroop 課題がある（序章第2節参照）。この課題を幼児向けに修正した課題が Day/Night 課題である (Gerstadt, Hong, & Diamond, 1994; Simpson & Riggs, 2005a, b)。この課題では，月を描いたカードと太陽を描いたカードを用意する（図1-1 参照）。子どもは，太陽のカードを提示されたら，「夜」，月のカードを提示されたら，「昼」と反応するように教示される。子どもは，太陽のカードでは「昼」，月のカードでは「夜」と反応しやすいが，その傾向を抑制しなければならない。この課題には，ルールを覚えておくワーキングメモリと，優位な言語反応を抑制する，抑制機能が必要とされる。この課題では，3歳から5歳にかけて反応の正答率が向上し，3.5歳から4.5歳にかけて反応潜時が有意に減少するという (Gerstadt et al., 1994; Simpson & Riggs, 2005b)。Day/Night 課題以外にも，黒と白のカードを用意し，実験者が黒いカードを提示したら参加児は「白」，白いカードを提示されたら「黒」

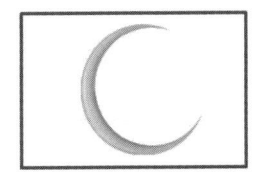

図 1-1　Day/Night 課題で使用されるカード

と答えるように求められる Black/White 課題 (Simpson & Riggs, 2005) などがある。

　筆者の個人的な経験では，Day/Night 課題は日本人幼児ではうまくいかないことが多い。これは，日本人の場合，「太陽＝昼」という連合を形成しているとは限らないためだと思われる。「太陽＝朝」だという連合を形成している幼児もいた。そのため，この課題よりも，Black/White 課題のほうが日本人には適していると考えられる。

○模倣ゲーム

　実行機能の発達研究の先駆者，Luria は，前頭葉脳損傷患者を対象に，模倣ゲームをしばしば用いていた。特に近年も用いられる課題に，Hand game と Tapping 課題がある (Luria, 1966; Luria, Pribram, & Homskaya, 1964)。Hand game (Luria et al., 1964) では，まず，患者は実験者と同じ手の形をするように求められた。例えば，実験者が「グー」を出したら患者も「グー」，実験者が人差し指を出したら，患者はそれを真似るという具合である。その後に，患者は実験者とは異なる手の形をするように求められた。つまり，実験者が「グー」を出したら，患者は人差し指を出さなければならない。この結果，患者は実験者の手と同じ形をしてしまった。真似をする傾向を抑制できなかったのである。Hughes (1998) がこの課題を就学前児に適用したところ，3 歳児では前頭葉損傷患者と同じ傾向がみられたが，4 歳ころまでに急激に成績が向上した (Flynn, O'Malley, & Wood, 2004 も同様の報告)。

　Tapping 課題 (Luria, 1966) では，実験者が 2 回叩くと患者は 1 回，実験者が 1 回叩くと患者は 2 回叩くことが求められた。この結果も Hand game と同様で，患者は実験者の真似を抑制することができなかった。Diamond and Taylor (1996) がこの課題を 3 歳から 7 歳の子どもに与えたところ，3 歳児は実験者の真似をしやすかったが，4 歳ころまでに成績が急激に向上

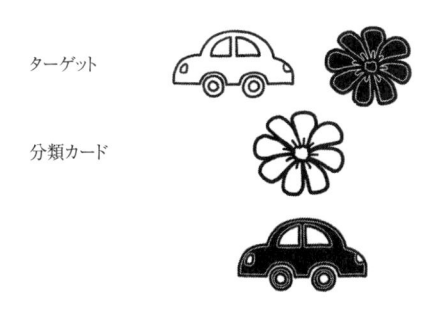

図 1-2　DCCS 課題における刺激（Zelazo et al., 1996）

することが明らかとなった。Diamond and Taylor（1996）によると，これらの課題を通過するには，ルールを覚えておくワーキングメモリの能力と，真似する傾向を抑制する抑制機能が必要だという。

○ Dimensional Change Card Sort 課題（DCCS 課題）

　成人で最もよく使用される実行機能課題に，WCST 課題（Grant & Berg, 1948）がある（序章参照）。この課題は，ルールを柔軟に切り替えることができるかどうかが問題となってくるが，同様の課題が子ども向けに作られた。DCCS 課題（Zelazo et al., 1996）である。この課題では，色・形・数・サイズなどの属性のうち，2つの属性を含むカードを用いる。ここでは色と形という属性を用いた課題について紹介する。まず，「黄色い車」と「緑の花」のカードを用意し，これをターゲットとする（図 1-2 参照）。参加児にこのターゲットとは色と形の組み合わせが異なる「緑の車」と「黄色い花」を提示し，それらを分類するように求める。第 1 段階では，2つの属性のうち 1 つ（例えば，色）で分類させ，第 2 段階では，1つ目とは異なる属性で分類させる（例えば，形）。

　大半の 4 歳児はこの課題を通過できるが，3 歳児は第 2 段階でも，最初に用いた属性でカードを分類してしまう。例えば，第 1 段階で，色属性で

カードを分類すると，第 2 段階で形属性を用いて分類すべきときにも，色属性に固執してしまう。この課題に必要とされる認知機能については様々な説があるが，少なくとも，抑制機能やタスクスイッチングの能力が関わっていると考えられる (Kloo & Perner, 2005)。

○その他の課題

これまで紹介したもの以外にも，多くの課題が用いられている。それらの課題をレビューする。

この時期の抑制機能課題は，葛藤抑制と，遅延抑制に分類できる (Carlson & Moses, 2001)。葛藤抑制課題とは，課題内で，優位な反応を抑制し，劣位の反応を産出できるかどうかを検討する課題を指す。前述の課題は全てこちらに含まれる。一方，遅延抑制課題は，課題内で，ある行動を抑制し，そのまま待つことができるかどうかを検討する課題を指す。例えば，実験者が子どもにプレゼントを持ってくるが，後で渡すと告げ，子どもがその間待てるかどうかを調べる Gift Delay 課題 (Kochanska et al., 1996) や，実験者と交代で積み木を積む際に待つことができるかどうかを調べる Tower 課題 (Kochanska et al., 1996) などがある。

両者の発達時期はほとんど同じであるものの (Carlson, 2005)，現在の発達研究では，抑制機能とは，ほとんどが葛藤抑制のことを指す。前述した Day/Night 課題や DCCS 課題などは，様々な因子分析において，葛藤抑制というラベル付けをされている (Carlson & Moses, 2001)。本書でも特別な断りがない限り，抑制機能とは葛藤抑制のことを指す。

日常の行動との関連

これまで様々な課題を用いた研究を紹介してきたが，それらは実際の日常の行動における評価と一致するのだろうか。Gioia とその共同研究者たちは，実行機能に関する質問紙 (Behavioral Rating Inventory of Executive

Function Preschool version, 通称 BRIEF-P）を作成し，子どもの日常の行動から評価される実行機能と，課題で検討される実行機能との関連を検討した（Gioia, Espy, & Isquith, 2002; Isquith, Gioia, & Espy, 2004）。彼らは，この質問紙を親と保育士に渡し，就学前児の実行機能を評価させた（例えば，「活動の変更の際，トラブルが生じますか」）。そのデータを因子分析した結果，「メタ認知（metacognition）」「柔軟性（flexibility）」「抑制自己制御（inhibitory self-control）」の3つの因子が抽出された。また，対象は2歳から5歳の子どもであったが，各評定値とも年齢差が認められた。この質問紙で，実行機能に障害がある発達障害の子ども（後述）を評価させたところ，健常な子どもと区別しうることも明らかとなった（Mahone & Hoffman, 2007; Isquith et al., 2004）。

また，Hughesとその共同研究者（Dunn & Hughes, 2001; Hughes, Dunn, & White, 1998）は，いわゆる「問題児（hard-to-manage children）」とされる子どもたちの実行機能課題の成績が悪いことを報告している。特に，観察から報告される彼らの非社会的行動（攻撃的行動など）は実行機能，特に抑制機能の未発達で説明されうることが示された（Hughes, White, Sharpen, & Dunn, 2000）。

これらの研究は，質問紙を用いて日常行動から評価される実行機能と，課題から評価される実行機能が同じ傾向を示すことを明らかにしている。

Cool VS Hot

これまでは，主に実行機能の発達の"Cool"な側面についてみてきた。ほとんどの研究がこの側面に焦点をあててきたが，近年は，より情動的な側面，"Hot"な側面に関する研究が増えてきた。ただし，本書には直接関連がないため，ここでは概観するにとどめておく。

この，Cool/Hotという区別を提唱したのは，Zelazoらである（Hongwanishkul, Happaney, Lee, & Zelazo, 2005; Zelazo & Müller, 2002）。彼らに

よると，実行機能は領域一般の認知機能であると考えられるが，抽象的な問題解決などに関わる，より認知的な制御が必要なものが"Cool"であり，報酬や動機，衝動性などが関わる問題で必要とされる制御が"Hot"である。両者の神経学的基盤も異なり，前者は背外側前頭前野などを含む領域に関連しているのに対して，後者は腹内側前頭前野などを含む領域が関連しているという。また，彼らは，どのようなタイプの問題解決であれ，実行機能の両側面が必要であるという。

　実行機能の"Hot"な側面は，様々な課題によって検討されている。例えば，Gambling 課題では，2つの箱が用意される（Kerr & Zelazo, 2004）。一方の箱には，多くの飴がもらえるカードとそれ以上に多くの飴を失うカードが入っており，もう一方には，少量の飴がもらえるカードと，ほとんど飴を失わないカードが入っている。この課題では，損失を考慮し，多くの飴がもらえるカードを含む箱を選択する傾向を抑制してもう一方の箱を選ばなければならない。他にも，少ない報酬を選べば多い報酬がもらえる，Less is More 課題（Carlson, Davis, & Leach, 2005），少ない報酬を今もらうか，多い報酬を後でもらうかという満足の遅延課題（delay of gratification: Prencipe & Zelazo, 2005）などがある。どの課題においても，3歳児は目の前にある報酬に反応しやすいのに対して，4歳児はそのような傾向を抑制し，最終的に報酬を多くもらうことができる。

　実行機能の2つの側面はともに就学前期に著しく発達するようであるが，その両側面の関連は未だに明らかではない。近年の研究によると，その発達的関連はあまり強くない可能性もある（Hongwanishkul et al., 2005）。実行機能において"Cool"と"Hot"という区別をしている研究者自体が未だにあまり多くないため，今後この研究がどのように進展していくかが注目される。

幼児期における抑制機能の発達の神経基盤

　幼児期における認知発達の神経基盤についてはあまり研究が進展していないが，筆者らは，近赤外分光装置 (NIRS) という新しい計測機器を用いて，抑制機能の発達と前頭前野の活動の関連について研究を進めている。3歳から5歳の幼児に DCCS 課題を与え，その課題中の脳活動を NIRS によって計測した (Moriguchi & Hiraki, 2009, 2011)。5歳児は全員 DCCS 課題に通過したが，半数程度の3歳児は課題に通過することができなかった（失敗群）。脳活動の結果を見ると，5歳児は，DCCS 課題中に左右の下前頭領域を有意に活動させていた。一方，3歳児については，課題に通過した子どもたち（通過群）は右の下前頭領域を活動させたが，失敗群の子どもたちは，下前頭領域を有意に活動させていなかった。この結果は，下前頭領域の活動が，抑制機能の発達に重要な役割を果たしている可能性を示唆している（詳しくは，森口 (2010a) などを参照）。ただし，幼児を対象にした脳機能計測の研究はまだまだ十分ではないため今後の進展が待たれる。

1.5　就学期以降における抑制機能の発達

　就学以降の子どもになると，成人とほぼ同じ課題を使用することが可能となる。1.1 節で触れた通り，この時期以降は抑制機能，シフティング，ワーキングメモリの3つの要素に区別されうるが，ここでは抑制機能の発達のみ紹介する。

　就学以降の子どもを対象とした抑制機能研究で，最もよく用いられる課題は，Stop Signal 課題および Go/Nogo 課題である。この課題は，成人の研究とほぼ同じ手続きでなされる。Bedard et al. (2002) は，この課題を6歳から82歳の参加者に与えた。その結果，7歳から9-12歳の間で著しい変化がみられたこと，9-12歳から22歳の間にはあまり大きな変化がみられないことが報告された。van den Wildenberg and van der Molen (2004) も

同様に，7歳から10歳にかけて著しい発達がみられることを示している。また，この課題は，神経科学的な研究においてもしばしば用いられている。Durston et al.（2002）は，fMRI研究で，この課題を遂行中の前頭や頭頂の活動が，年齢および課題の成績と相関していることを示した。事象関連電位法（ERP）でもこの課題は用いられており，前頭領域のN2という成分が認知的な制御や抑制機能と関連していることが示されている（Eimer, 1993; Falkenstein, Hoormann, & Hohnsbein, 1999; Jodo & Kayama, 1992)[5]。このN2成分の潜時および振幅の強さは，発達とともに変化するという（Davis, Bruce, Snyder, & Nelson, 2003; Rueda, Posner, Rothbart, & Davis-Stober, 2004）。

　また，Stroop課題もしばしば用いられている。Leon-Carrion, García-Orza, and Pérez-Sanatamaríia（2004）は，Stroop課題における反応時間およびエラー率が，12歳ころまでに発達し，その後も17歳まで発達が漸進的に続いていくことを示した。Lamm et al.（2006）の7歳から16歳までを対象にした実験でも，Stroop課題のエラー率と年齢の相関が報告されている。

　Stop Signal課題とStroop課題の発達時期にはやや違いがあるように思える。これは，Stoop課題では，字を読む反応が自動化されていることが前提であるため，直線的な発達はしにくい（Leon-Carrion et al., 2004）ことによるかもしれない。現在の発達研究では，Stop Signal課題がよく用いられていることもあり，抑制機能の発達は12歳程度で大人の水準に達すると考えられている（Huizinga et al., 2006）。

1.6　抑制機能と発達障害

　本節では，実行機能や抑制機能と関連があると考えられる発達障害や行為障害について概観する。実行機能との関連がしばしば指摘されるのは，

---

[5]　N2成分が抑制機能と関連しているかについては未だに議論があるが，認知的制御に関わっているという統一見解がある。

アスペルガーを含む自閉症スペクトラムの子どもおよび注意欠陥多動性症候群（ADHD）の子どもである。

自閉症（Autism）

　自閉症は，社会的な相互交渉の質的な障害，コミュニケーションの質的障害，行動と興味の範囲の著しい限局性の3点をもって診断される（DSM-IV: American Psychiatric Association, 2000）。現在では，自閉症は症例が多彩であり，健常者から重度自閉症者までの間にははっきりとした壁はなく，虹のように境界が曖昧であることから自閉症スペクトラムと呼ばれているが，ここでは自閉症児および自閉症者と表現する。自閉症を認知的な側面から説明しようとする3つの立場があり，それぞれを支持する証拠がある。1つ目は，他者の心の理解に困難を示すという心の理論説（Baron-Cohen, Leslie, & Frith, 1985; Frith & Frith, 2003），2つ目は，一貫した意味ある全体を作り出そうとする人間固有の能力が弱く，局所的な処理をしてしまうという中枢性統合説（weak central coherence: Happe, 1999），そして，3つ目は，実行機能に障害を抱えるという実行機能説である（Hill, 2004）である。本書では，実行機能説を中心にみていく。

　まず，自閉症児および自閉症者は，抑制機能に障害を抱えるという知見がある。Hughes and Russell（1993）は，上述の対象探索課題（Diamond, 1990）と類似したリーチング課題において，自閉症児は精神遅滞の子どもよりも玩具に対する直接的なリーチングに固執することを示した。もっとも，Stop Signal 課題（Ozonoff & Strayer, 1997）や Stroop 課題（Eskes, Bryson, & McCormick, 1990; Ozonoff, 1997）には困難を示さないようである。

　この他にも，シフティング（Ozonoff, Strayer, McMahon, & Filloux, 1994）やワーキングメモリ課題の成績（Bennetto, Pennington, & Rogers, 1996; Reed, 2002）が悪いなどの報告もある。これらの実行機能障害は，自閉症者の，行動と興味の範囲の著しい限局性という特徴と深く関連していると考えら

れる。

　しかしながら，全ての研究が自閉症児および自閉症児の実行機能障害説を支持しているわけではない。Nyden, Gillberg, Hjelmquist, and Heiman (1999) や Liss et al. (2001) は WCST 課題において，自閉症児と，健常児や他の発達障害児の間に成績の差がみられなかったことを報告している。

注意欠陥多動性症候群（ADHD）

　ADHD とは，多動性，衝動性および不注意などの特徴を持つ行為障害である（DSM-IV: American Psychiatric Association, 2000）。神経生物学的な理論や，神経イメージング研究によると，ADHD は前頭前野の障害と関連しており，事実，ADHD の子どもの右側の前頭前野は健常な子どもよりも小さい（Barkley, 1997; Filipek et al., 1997），もしくは，前頭前野の成熟が遅い（Shaw et al., 2007）などの報告がある。ADHD の子どもが実行機能，とりわけ抑制機能に困難を示すことは多くの行動実験から明らかになっている。Go/Nogo 課題（Geurts et al., 2004; Iaboni, Douglas, & Baker, 1995）や Gift Delay のような遅延課題（Schweitzer & Sulzer-Azaroff, 1995; Sonuga-Barke, Taylor, Sembi, & Smith, 1992）などで，ADHD の子どもたちは，健常な子どもや他の発達障害の子どもたちと比べて，優位な反応を抑制することに困難を示す。近年の実行機能の質問紙を用いた研究でも，同様の傾向が確認されている（Mahone et al., 2002）。WCST においてシフティングに困難を示すという報告もあるが（Barkley, Grodzinsky, & DuPaul, 1992），ADHD の主要な障害は抑制機能にあり，他の障害は二次的な障害だと考えられている（Barkley, 1997）。つまり，生得的もしくは発達の早期からの前頭前野の障害が抑制機能の障害を生み，それが他の実行機能の障害に繋がるというものである。ただし，この主張を裏付ける知見はなく，抑制機能の障害のみが検出されることが多い（Geurts et al., 2004）。

その他の障害

　実行機能と深く関連すると思われる発達障害は前述の2つだが，その他の発達障害や行為障害も，実行機能不全と関連している。詳細はここでは論じないが，子どもの障害と実行機能の下位要素との関連について触れておく。児童期の脳の外傷は抑制機能（Dennis, Barnes, Donnelly, Wilkinson, & Humphreys, 1996）に，早期の水頭は全般的な問題解決（Fletcher et al., 1996）に，トレット症候群は抑制機能（Mahone et al., 2001）に，フェニールケトン尿症は抑制機能とワーキングメモリ（Diamond, Prevor, Callender, & Druin, 1997）に，特異的言語障害はワーキングメモリ（Im-Bolter, Johnson, & Pascual-Leone, 2006）に，反抗挑戦性障害は抑制機能およびシフティング（Geurts et al., 2004）に，ウィリアムズシンドロームは抑制機能（Porter, Coltheart, & Langdon, 2007）に障害があるという実証的な証拠が提示されている。

　このようにみていくと，発達障害に関わる機能不全には，抑制機能とワーキングメモリに関するものが多いように見受けられる。これは，年少の子どもの実行機能では，抑制機能とワーキングメモリが重要であるとする筆者の主張と一致するものかもしれない。

1.7　本書の目的

　ここまで，抑制機能の発達に関する先行研究をレビューしてきた。発達心理学の研究として当然のことではあるが，抑制機能がいつ，どのように発達するかに焦点があてられてきた。最も重要な変化は，就学前の時期に起こるという。それは，この時期の抑制機能の変化が急速であり，子どもの行動も明確に変わることから明らかであろう。しかし，である。これまでの研究で十分に議論されていない点がある。それは，就学前期にみられる著しい発達にいかなる意義があるのかということである。本書の目的は，この点を明らかにすることである。本節では，これまでの研究と対比させ

ながら，本書の目的について論じる。

　これまでで，成人における研究を説明した後に，子どもを対象にした研究を紹介してきた。この2つを見比べてみると，後者が，前者に非常に類似していることに気づく。実行機能のモデルを作り，それぞれの要素を行動的に計測し，その神経基盤を推定する，といった具合である。このような成人と同様の手法を，ヒトの発達の各段階にあてはめているように感じられる。これに加えて，実行機能の各機能の発達経路の特定がなされている。しかし，このようなアプローチがこれまでの研究の最大の問題点であるように筆者は考える。確かに，心理学・認知科学の研究では，成人の研究がベースにあり，それをもとにして発達研究や比較認知研究が行われることが多い。そして，特に発達研究では，成人の能力を完成形として，未熟な子どもがいつ，どのようにそのゴールに辿り着くかという発達経路の解明が基本にある。例えば，抑制機能を例にとると，Stroop課題という成人で用いられている課題を，児童期・青年期の子どもに与えてその成績を測定し，成人の成績と比較することで，抑制機能がいつ成人の水準に達するかという検討が行われている。また，その Stroop 課題を子ども向けに修正した Day/Night 課題を作成し，いつ頃から抑制機能の萌芽がみられるのか，著しい変化がみられるのかを検討してきた。

　筆者は，このこと自体を否定するものではない。ヒトがいつ，どの程度当該の能力を獲得していくかというのは，発達研究の中心問題であり，これまでの研究がこのことを解明しようとしてきたことは当然のことである。しかしながら，本章で概観したように，少なくとも実行機能の発達経路は既にほぼ解明されている。乳児期の研究は未だ数が乏しいため，研究の進展が待たれるにしても，3歳以降における発達経路はほぼ特定されている。

　では，どのような視点が新たに必要であろうか。やはり，発達科学の研究において重要なのは，子どもを中心に据えた見方であろう。子どもが，

発達の各時期において，当該の能力を持つことによって，どのように世界や環境に適応しているのかという見方，つまり，発達的役割・発達的意義についての検討が必須であるように思える。これは，第7章で触れる，進化発達心理学的立場に近い。この立場では，子どもは，「小さな大人」ではないことが強調される (Bjorklund & Pellegrini, 2000)。

本書では，就学前期の発達的役割・発達的意義に焦点をあてて議論を進めていく。その理由は，この時期の抑制機能の発達が著しいと考えられるためである。発達が著しければ，その発達的意義や発達的役割も明確になりやすいであろう。他の時期の発達的意義についても同様に論じる必要があると思われるが，本書では，就学前期に焦点をあてて論じる。

抑制機能の発達的意義

抑制機能がどのような能力であるかを改めて考えてみよう。それは，様々な刺激が存在する外界において，自分の思考や行動を抑制し，その状況に即した行動を選択することであり，その結果として自らが得られる報酬を最大にすることである。ここでの「刺激」とは主に物理的な刺激のことを指している。事実，抑制機能の研究では，物理的な刺激に対する注意を抑制したり，物理的な刺激に惹起される行動を抑制したりする課題ばかりが用いられてきた。例えば，Day/Night課題であれば，太陽のカードや月のカードのような物理的な刺激を見たときに惹起される行動を抑制しなければならなかった。DCCS課題の第2段階では，第1段階で使用した属性（例えば，色属性）と連合する分類行動を抑制しなければならないが，この属性もやはり物理的な刺激であった。これに従えば，抑制機能の発達とは，外界における物理的な刺激に対応できるようになる過程，ということになろう。両親の庇護のもとにあり，比較的自分を脅かす存在も少なく危険も少ない乳児期から，親元を離れ，新しい環境で様々な物理的刺激に出会う幼児期・児童期へと，子どもを取り巻く環境は複雑化し，自らの生存に危

険な刺激に出会う機会も増えていく。発達心理学的に考えてみても，両親が全ての行動を主導してくれた乳児期から，自ら考え，動き，ときには自分を律しながら，様々な状況や刺激に対応していかねばならない幼児期への変化は極めて大きなものである。

　このように，乳児期から幼児期の間に，子どもが接する物理的刺激の数は極めて増える。このような変化の時期と，抑制機能の発達時期が一致するということは極めて興味深く，また，納得のいくことである。例えば，子どもが保育園の園庭で，非常に魅力的な花に出会ったとしよう。魅力的であるから，つい手が伸びてしまいそうになる。しかし，その綺麗な花に棘がある場合，手を伸ばすと危険が伴う可能性がある。このような場面において，抑制機能が必要になってくる。このように，抑制機能がこの時期に発達するのは，急速に広がっていく物理的世界に対応するためであるといえよう。

　また，抑制機能が，モノに関する知性（つまり物理的知性）の発達にも寄与することが示されている。Dempster (1992) によると，抑制機能の発達が，Piaget の保存の課題の解決に必要であるという。例えば，保存の課題では，2つの同じビーカーに水をいれる。その後，1つのビーカーの水を，別のビーカーに移し，その水面が最初のビーカーより高くなったとする。この際に，子どもは水面の高いビーカーの方が水量が多いと答える。この課題では，水面の高さという顕著な側面を考慮しやすい傾向を抑制しなければならない。数の保存 (Houdé & Guichart, 2001) や包含関係の理解 (Perret, Paour, & Blaye, 2003) においても，抑制機能が必要とされることが示唆されている。

　ヒトは抑制機能の発達により，物理的刺激への対処が可能となり，物理的知性を発達させる（図1-3）。発達的意義としては，物理的世界に適応することだといえる。抑制機能の発達的意義にこの点が含まれるのは疑いがない。だが，一歩立ち止まって考えてみたい。これまで論じてきたように，抑制機能は前頭前野に深く関わっており，前頭前野は他の生物に比べてヒ

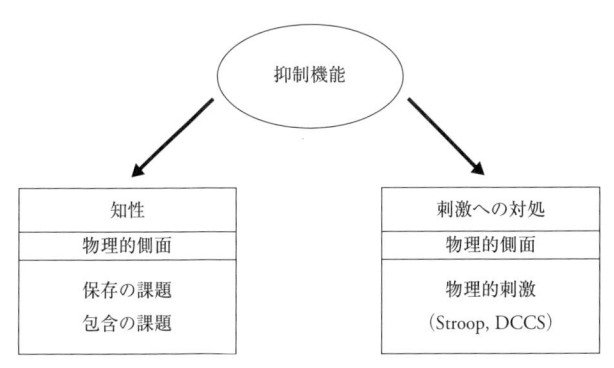

図1-3 物理的世界における抑制機能の発達的意義

トにおいて著しく発達している。詳細は第6章で論じるが，ヒトの抑制機能は，他の種と比べると，極めて発達していると推測される。ところが，ヒト以外の生物も，同様に複雑かつ危険を孕んだ世界において生活しており，ヒトほどの抑制機能がなくとも，物理的世界に対応して生活している。これらのことを考えあわせると，ヒトにおける抑制機能の発達的意義が，物理的世界に適応することだけとは考えにくいのではないだろうか。

ヒトと他の生物は，脳においても心（つまりは認知能力）においてもある程度は区別できると考えられるが（Premack, 2007），本書では特に，ヒトにおける社会集団の大きさおよび社会的知性の高さに着目したい。本書でいう社会的知性とは，他者に対して発揮される知性であり，対人相互作用に要する能力のことを指す。具体的には，他者の心を推測する能力である心の理論や，コミュニケーションスキルなどを含む（詳細は第2章参照）。

ヒトの知性がいかに進化してきたのかという問いに対しては様々な議論があるが，近年特に注目を集めているのが，社会的知性仮説である（藤田, 2007; Whiten & Byrne, 1997）。知性は脳によって実現されているが，脳はエネルギー消費量が大きいために，大きな脳を持っていることはコストがかかる。ヒトは相対的に大きな脳を持っているが，社会的知性仮説によれば，それはヒトが同種のヒトとの間で社会的世界を構築している社会的動物で

あるからだという。言い換えると，同種であるヒトに対処するためには，モノに対処するよりも高次の知性が必要であるということである。例えば，10メートル先からボールが転がってくるとしよう。ボールの軌道は，その軌道上に障害物がない限り，ほぼ直線的に運動をする。われわれがその性質を知っていれば，そのボールが来ない方向によければすむ。それほど対処は難しくない。一方，ヒトの場合はそうもいかない。10メートル先からヒトが歩いてきたとしても，そのヒトが直線的に動いてくる保証はない。そのヒトは急に屈んで靴のひもを結ぶかもしれないし，急にナイフを持って襲ってくるかもしれない。また，日常ではよくあることだが，そのヒトの右側に避けようとすると，そのヒトも同じ方向に避けようとしてくるかもしれない。

　当然，ヒトのみが社会的知性や社会集団を発達させているわけではない。近年の動物行動学，動物心理学および比較認知科学の知見から，ヒト以外の動物も社会を形成し，様々な社会的知性を持ち合わせていることが明らかになっている (Byrne, 1995; 藤田, 1998, 2007; Whiten & Byrne, 1997)。しかし，ヒトは，他の生物に比べて，より高度な社会的知性を持ち，より複雑な社会的世界の中で生活しているのもまた事実である。

　また，乳児期からの幼児期の変化についても，社会集団の広がりという捉え方ができるかもしれない。乳児期は，親-子という「タテ」の関係および兄弟姉妹という「ナナメ」の関係が中心となる (依田, 1990)。新奇な他者と出会う機会は少なく，「閉ざされた」社会の中で生活を送ることになる。しかし，幼児期になると，保育園や幼稚園のみならず，様々な場所で，様々な他者に出会うこととなる。そのような場所では，保育士や他の大人などの親とは異なる「タテ」の関係だけではなく，同じ年齢の子どもとの「ヨコ」の繋がりも出てくる。その「ヨコ」の関係は，それまでの一対一の関係とは異なり，かなり広範な繋がりを形成することになる。子どもの社会的世界に，革命的な変化・革命的な拡大が起きるのである。当然，

高度な社会的知性が必要となる。

　ヒトにおいて著しく社会的世界および社会的知性が発達していることと，乳児期から幼児期への変化は社会的世界の拡大として捉えうること，この2点と，ヒトにおいて抑制機能が発達していること，幼児期において抑制機能が著しく発達することの2点を考え合わせて，本書では，抑制機能の発達は，物理的世界だけではなく，社会的世界においても重要な意義を持ちうるという仮説を立て，この仮説を検証することを大きな目的とした。

本書の構成

　本書における「社会的世界」とは，他者が存在する世界ということを意味することにする。つまり，他者が存在する場面・世界で，抑制機能がどのように役割を果たしているかということについて考えてみたい。

　本書の構成は以下の通りである。社会的世界における抑制機能の発達的役割を，大きく2つの側面から捉えていきたい。1つは，抑制機能の発達が，社会的知性の発達に必要であるという側面である（第2章）。これは，前述の，抑制機能の発達的役割である「物理的知性の発達への寄与」に対応する。これについては，いくつかの先行研究があり，それらをレビューした上で，筆者が行った新しい実験について紹介する。もう1つは，抑制機能が，他者という社会的刺激に対処するために機能しているという側面である（第3章・第4章）。これは，先述した，「物理的刺激への対処」に対応する。これについてはほとんど先行研究がなく，筆者独自の発想であり，この側面に関する，実験的な証拠を紹介する。次に，これまで検討されてきた抑制機能の発達と文化の問題について論じる（第5章）。抑制機能の発達的意義を考える際に，抑制機能の発達時期および経路が普遍的かという，文化と抑制機能の問題について考えていきたい。その後，抑制機能と進化の問題について考え（第6章），最後にそれらを総括した議論を行う（第7章）。

第2章

抑制機能と社会的知性の発達

　第1章では，これまでの抑制機能の発達研究について概観してきた。その末尾で指摘したように，これまでの研究で最も欠けていたのは，抑制機能の発達的意義に関する考察であった。本章では，子どもの社会的知性の発達に焦点をあてて，この点について議論していく。具体的には，これまでの研究および筆者自身が行った研究を併せて，抑制機能が，コミュニケーションスキルなどを含めた高次の社会的知性の獲得に寄与しているという仮説を提唱する。

2.1　抑制機能と心の理論

　繰り返しになるが，ここでもう一度抑制機能とは何かについて考えてみたい。本書の定義では，当該の状況において優位な反応および注意を抑制し，適切な行動の選択を可能にする能力である。本書では，優位な反応および注意を含めて優位な行動・思考と呼ぶことにする。この抑制機能が発達していると，優位な行動に影響されず，状況に合致した行動を選択でき

るようになる。逆に、この能力が十分に発達していないと、優位な行動に引きずられてしまい、その行動に固執することもある。この抑制機能を含めた実行機能によって、複雑かつ多様な外界の刺激への柔軟な対応が可能になることは、これまで述べてきた通りである。それでは、これを社会的世界や社会的文脈において考えてみるとどうなるであろうか。換言すれば、他者がいる世界において、自らの行動や思考を抑制することにどのような意味があるであろうか。本章ではこの点に焦点をあてる。このことを考える上で、近年着目を集めている抑制機能と心の理論の発達的関連についての研究が重要な示唆を与えてくれる。

　心の理論とは、他者の行動からその心的状態を推測する能力のことを指す。心の理論研究は、Premack and Woodruff (1978) の衝撃的な論文 "Does the chimpanzee have a theory of mind?" で始まったが、Wimmer and Perner (1983) の誤信念課題の開発により、発達研究において急速に広まった。この誤信念課題は、子どもが、他者が誤った信念を持ちうることを理解できるかどうかを評価する課題として、現在でも広く用いられている（図2-1参照）。

心の理論研究

　心の理論研究は、現在、発達心理学 (Onishi & Baillargeon, 2005; Wimmer & Perner, 1983) や比較認知科学 (Call & Tomasello, 1999; Povinelli & Bering, 2002) をはじめ、神経科学 (Fletcher et al., 1995; Saxe, 2006) や哲学 (Dennett, 1978) を巻き込んだ一大研究分野となっている。その全てをここで紹介することはできないため、ここでは、発達心理学の知見のみを紹介する。

　心の理論は、広義では他者の心を推測する能力を含む広範な他者理解のことであり、狭義では、誤信念課題を通過する能力のことを指す。本書では後者の定義を採用する。この課題では、2人の子ども（サリーとアン）が登場する。まず、サリーが部屋の中にいるという状況から話が始まる（図

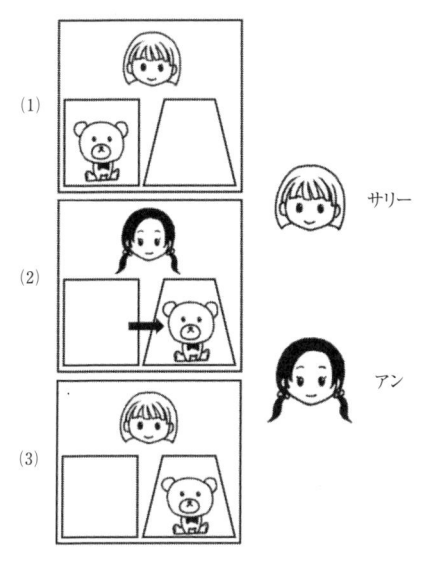

図 2-1 誤信念課題として広く使われている
サリーアン課題

2-1)。サリーは，ぬいぐるみを持っているが，外に遊びに行きたいので，玩具を片づける。部屋には四角の箱と台形の箱があるが，そのうち四角の箱に玩具を片づけて，外に遊びに行った（図 2-1，(1)）。その後，アンが部屋に入ってきて，四角の箱から玩具を取り出して，玩具を台形の箱に入れ替えて，部屋から出て行った（図 2-1，(2)）。次の場面では，サリーが外から帰ってきて，玩具で遊ぼうと考えている（図 2-1，(3)）。このとき，サリーはどちらを探すだろうか。このテストを通過するには，サリーの知識状態や信念の状態を理解する必要がある。サリーは，アンが玩具を台形の箱に入れ替えたことを知らないため，玩具は四角の箱に入っていると信じており，四角の箱を探すだろう。この課題を使用した研究は広く行われており，それらの結果によると，この課題を通過できるようになるのは，4歳半ころだという（Callaghan et al., 2005; Wellman et al., 2001）。

もっとも，このような心を理解する能力が急にこの時期に出現するわけではなく，近年は心の理論の発達経路を探る研究が盛んである（Baron-Cohen, 1995; Frith & Frith, 2003; Wellman & Liu, 2004）。必ずしも心の理論の発達との関連が実証されているわけではないが，理論的に提唱されている経路について Frith and Frith（2003）を参考にしながら概括する。

心の理論の萌芽は，生後数週での人間に対する選択的な働きかけ（Legerstee, 1992），または自己推進的な動きをする物体への選好（Crichton & Lange-Küttner, 1999）などであるようだ。6ヶ月ころまでには，生物は動くが，無生物は動かないという認識を形成し（Spelke, Phillips, & Woodward, 1995），ヒトやヒトらしい物体の行動が目標志向的であることを理解するようになる（Biro & Leslie, 2007; Luo & Baillargeon, 2005; Woodward, 1998）。また，9ヶ月から12ヶ月ころまでに他者の伝達意図（Behne, Carpenter, Call, & Tomasello, 2005）や行為者が合理的に目標志向的な行動をすること（Gergely, Knadasdy, Csibra, & Biro, 1995）を理解できるようになる。また，この時期から他者の視線を追従することもできるようになる（視線追従：Butterworth & Jarrett, 1991）。18ヶ月までには，意図的な行動と偶発的な行動の区別（Carpenter, Akhtar, & Tomasello, 1998）や，状況に沿った合理的な意図を理解することに加え（Carpenter, Call, & Tomasello, 2005; Gergely, Bekkering, & Király, 2002），他者が行為に失敗した際にもその意図を理解し，その行為を再現することができるようにもなる（Meltzoff, 1995）。ふり遊びが始まり（Leslie, 1987），他者と自分の好みが違うことや性格傾向（disposition）を理解し（Kuhlmeier, Wynn, & Bloom, 2003; Repacholi & Gopnik, 1997），明示的にではないものの，誤信念理解の萌芽がみられるのもこの頃である（Onishi & Baillargeon, 2005）。その後は鏡に映る自分を認識したり（Amsterdam, 1972; Anderson, 1984），心的語を産出したり（Shatz, Wellman, & Silber, 1983），他者の知識状態を理解したりするようになり（Hogrefe, Wimmer, & Perner, 1986; Sabbagh & Baldwin, 2001），最終的に誤信念の理解に辿りつくことになる。

抑制機能と心の理論

　他者の誤信念を理解することは，他者理解の1つの到達点である。いかにしてその誤信念を理解できるようになるかについては，様々な議論がなされてきた（Moses, 2005; Perner, 1991などを参照）。そのような中で注目を集めたのが実行機能や抑制機能の発達である。健常発達と自閉症研究の両側面から関心を集めたが，健常発達では，心の理論が発達する時期と，抑制機能が著しく発達する時期が4歳ころで一致することから注目が集まった。最初にこの関連を報告したのはFrye et al. (1995)で，彼らは幼児にDCCS課題と誤信念課題を与え，その課題の成績に有意な相関関係を見出した。彼らはDCCS課題を抑制機能の指標ではなく，ルールシステムの発達の指標として捉えていたが，この研究を契機に実行機能と心の理論の関連が注目されることになった。次に，Hughes (1998) は抑制機能を測定する課題と誤信念課題や他者を欺く能力を測定する課題の間に中程度の相関があることを示した。また，Carlson and Moses (2001) は葛藤抑制課題と遅延抑制課題（第1章参照）を使用し，葛藤抑制課題の成績は心の理論を測定する課題の成績と有意に相関するが，遅延抑制課題の成績と心の理論課題の成績の間の相関は弱いことを示した。また，相関研究では2つの変数間の相関関係が別の変数で説明されることがよくあるが，この研究では年齢や言語能力などの変数を統制しても，葛藤抑制課題の成績と心の理論課題の成績の間に有意な相関が認められた。この関連は，多くの研究で追試されている (Carlson, Mandell, & Williams, 2004; Chasiotis et al., 2006; Perner, Lang, & Kloo, 2002; Sabbagh et al., 2006)。これらの知見をもとに，抑制機能の発達が，心の理論の発達と関連していることが示唆されている (Carlson et al., 2004; Moses, 2005)。

　抑制機能と心の理論の関連は，自閉症研究や神経科学的な研究からも示唆されている。自閉症児は実行機能と心の理論の両方に困難を抱えている (Happé et al., 2006; Hughes & Russell, 1993)。Pellicano (2007) は，自閉症児に

心の理論課題と実行機能課題を与え，健常児の成績と比較した。その結果，自閉症児は心の理論課題の成績も実行機能課題の成績も健常児より悪かったが，自閉症者だけのデータを取り出してみても，心の理論課題の成績が悪い場合は実行機能課題も悪いという，有意な相関がみられた。また，神経科学の分野では，成人の参加者に心の理論課題と実行機能課題を与え，その際の脳活動を fMRI で測定した（Kain & Perner, 2005）。その結果，心の理論課題遂行時の脳活動と，実行機能課題遂行時の脳活動とが，極めて類似しており，一部重なっていたという。同様の報告が前頭葉損傷患者からも報告されている（Stuss, Gallup Jr, & Alexander, 2001; しかし，Gallagher & Frith, 2003 では両者の乖離も示唆）。

　これらの知見を考慮すると，心の理論と抑制機能とが関連している可能性が高い。では，これらはどのように関連しているのであろうか。これまで報告されている抑制機能と心の理論の関係を調べた研究は，ほぼ全てが相関的な研究である。両者に機能的な関連があるのは確かだと思われるが（Carlson & Moses, 2001; Kloo & Perner, 2003），その因果の方向性については様々な議論がなされてきた。ここでは代表的な3つの立場について紹介する。1つは，心の理論の発達が実行機能の発達に影響を与えるとするもので，残りの2つは，実行機能が心の理論の発達に寄与するというものである。

　Perner ら（Kloo & Perner, 2003; Perner & Lang, 2000; Perner et al., 2002）は，心の理論の発達が，実行機能の発達に寄与すると主張している。この立場では，心の理論の発達とはメタ表象（表象を表象する能力）の発達に他ならず，メタ表象が発達することによって，自分の行動をモニターしたり制御したりする能力が促されるというものである。この理論を支持する証拠として，Kloo and Perner (2003) の介入研究が挙げられる。この研究では，子どもに誤信念課題と抑制機能の課題を与え，通過できなかった子どもたちに，誤信念課題の訓練か，抑制機能の課題の訓練のいずれか一方を与え，最終的

に誤信念課題および抑制機能の課題の成績がどの程度向上するかを検討した。その結果，誤信念課題の訓練が，抑制機能の課題の成績を向上させた。このことは，Perner らの主張を支持しているように思えるが，同時に，抑制機能の課題の訓練も誤信念課題の成績の向上に貢献していることから，全面的に Perner らの主張を支持するものとはいえない。

　残りの2つの立場は，実行機能の発達が心の理論の発達に寄与するというものである。因果の方向性としてこちらの立場を支持する研究は多い。例えば，Flynn et al. (2004) は，誤信念課題と抑制機能の課題を子どもに与え，その発達を縦断的に追跡した。その結果，抑制機能の課題の成績の方が，誤信念課題の成績よりも早く向上することを示した。また，縦断研究から，2歳時の抑制機能課題の成績は，3歳時の誤信念課題の成績を予測するが，2歳時の心の理論の指標は，3歳児の実行機能課題の成績を予測しないことも報告されている (Carlson et al., 2004)。自閉症児の研究においても，抑制機能課題を通過して誤信念課題に通過しない子どもは，その逆のパタンの子どもよりも有意に多かったことが報告されている (Pellicano, 2007)。

　それでは，抑制機能の発達は心の理論の発達のどの側面に影響をしているのか。1つは，抑制機能の発達が，既に持っていた心の理論の能力の表出に影響を与えているとする可能性である (Moses, 2005)。つまり，抑制機能は他者の心の理解の発達そのものというよりは，誤信念課題などの心の理論を測定する課題に通過するために寄与しているということになる。この立場を支持するものとして，Carlson et al. (1998) の研究が挙げられる。第1章で紹介した通り，Windows 課題において指差しを写真置きに変えると，子どもの成績は有意に向上した。このことは，もともと子どもは欺きの能力を持っていたが，抑制機能が発達していないために，この課題を通過できなかったことを示唆している。だが，実行機能負荷が少ない説明

版誤信念課題[1]の成績と実行機能課題の成績にも有意な相関がみられること（Perner et al., 2002）から，この立場での説明は難しいかもしれない。

現在のところ最も支持を集めている立場は，実行機能の発達が，心の理論の概念の出現に影響を与えているというものである。早期からこの立場に立つ Russell (1997) は，実行機能の発達は，「前理論的」自己意識[2]に繋がり，それが心の理論の概念の発達の条件になると述べている。ただし，この Russell (1997) の主張は，実行機能とは自分の行動を監視する能力であるとする彼自身の立場をもとにしており，近年の抑制機能とワーキングメモリという2つの特定された機能と心の理論の関連が明らかになる前のものであった。Moses は，新しく得られた知見を併せて，Russell の主張を進展させた (Moses, 2001)。その主張によると，心的概念の獲得には，行動や思考を内省する能力，当該の状況から自分自身を切り離す能力，および，自分にとって顕著な知識を抑制する能力が必要である。この立場は，実行機能負荷の少ない誤信念課題でも抑制機能課題と有意に相関すること（Perner et al., 2002）や，比較文化研究で，中国，アメリカの双方の子どもにおいて心の理論と抑制機能の関連がみられるが，抑制機能の課題の成績は中国の子どもの方が良いこと（Sabbagh et al., 2006）[3]などから支持されている。

これまでの研究をみると，実行機能の発達，とりわけ抑制機能の発達が，心の理論の発達に影響を及ぼしている可能性が高い。この結果は，筆者の理論的考察に大きな影響を及ぼす。心の理論とは，言うまでもなく，高次な社会的知性である。他者の信念・思考を理解することにより，他者との

---

1) 標準的な誤信念課題は登場人物がどこを探すかを予測するが，説明版ではなぜその場所を探したかを子どもに説明させる。
2) 「前理論的」自己意識とは，行為者が反射的に気づく無意識の自己概念のことを指す。
3) Sabbagh et al. (2006) によると，誤信念課題の成績には文化差はみられなかった。もし抑制機能の発達が誤信念課題の通過のみに寄与するのなら，誤信念課題の成績にも文化差はみられるはずである。

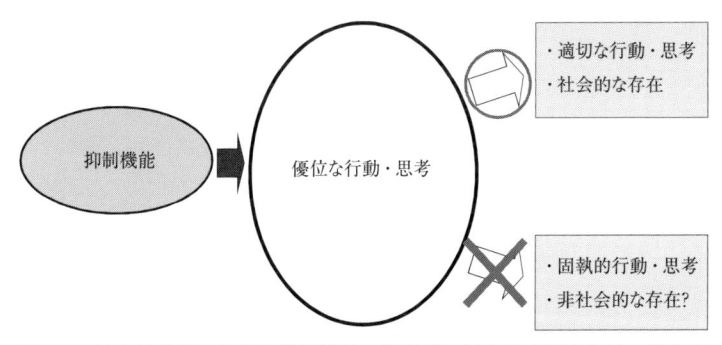

図 2-2　社会的世界における抑制機能の概念図。社会的な存在とは，社会的世界に適応している行為者のことを指す。

社会的相互作用が円滑になるのは疑いようがない。そして，本書で重要なのは，そのような社会的知性が，抑制機能の発達により実現されうるということである。当然，抑制機能の発達だけで心の理論の発達が説明されるわけではないものの，重要な要因であると考えられる (Moses, 2005)。ここに，1つの仮説が導き出される。つまり，自分の行動や思考を抑制する能力を発達させることは，他者との円滑な相互作用を行う能力の獲得に寄与するのではないか。言い換えれば，社会的世界における抑制機能の発達的意義とは，1つには，子どもが，ヒトの社会で必要とされる社会的知性を発達させ，社会的世界に適応することを可能にすることではないだろうか。この概念図を図 2-2 に示す。

以下では，この仮説に一致すると思われる証拠を挙げ，筆者が行った実験も紹介する。

2.2　抑制機能と社会的知性の発達

心の理論以外で抑制機能の発達との関連が報告されているのは，情動を制御する能力である。成人の神経イメージング研究においても，fMRI を

用いた，前頭前野と情動制御[4]の関連は報告されている（Beauregard, Lévesque, & Bourgouin, 2001; Davidson, Putnam, & Larson, 2000）。発達研究では，Eisenbergとその共同研究者（Eisenberg et al., 1995, 1997）が，親や教師などの報告から，抑制機能（彼女らの言葉では"regulation"）が高い子どもは負の情動の表出が少ないことを示した。また，Jahromi and Stifter (2008) は，Day/Night課題の成績と，幼児が表出する負の情動や攻撃的な行動が相関していることを示した。Carlson and Wang (2007) も，抑制機能の課題の成績と情動制御の行動指標に有意な相関があることを示している。情動制御の能力は一種の社会的知性として捉えられる。これにより他者との相互作用が円滑になることは間違いない。

　また，道徳的な行動も抑制機能の発達に影響を受けている可能性がある。Kochanskaとその共同研究者は，抑制機能[5]と道徳行動の指標の間に有意な相関関係があることを報告している。ここでの道徳的行動の指標は，例えば，母親や実験者が禁止したことを守れるかや，実験者が道徳に反することを示唆した際に，断ることができるかなどであった（Kochanska et al., 1996）。彼らの用いた抑制機能課題と道徳指標は一部類似しているような印象を受けるが，両者の成績に有意な相関が認められた。また，Kochanska, Murray, and Coy (1997) は，葛藤状況を含む道徳認知課題（他の子どもの飴を盗むべきか否か）で，道徳違反な行動を選択をする子どもは抑制機能課題の成績が低いことも報告している。このような葛藤状況において道徳的な行動をするためには，抑制機能の発達が必要なのであろう。道

---

[4]　情動制御と第1章で触れた実行機能のHotな側面は概念的にも近いが，本書では前者がネガティブ情動などの情動表出の制御を指すのに対して，後者は衝動的な行動や報酬への行動の制御を指している。

[5]　KochanskaやRothbartたちは，より気質的な側面として，"effortful control"という言葉を好んで用いる。ただし，抑制機能と課題が重なることも多く，ほぼ同じ意味で用いられることも多い（Carlson & Moses, 2001; Kochanska et al., 1996; Wolfe & Bell, 2004）。

徳的な行動とは，利他行動であり，これも社会的知性であるといえる。

2.3　抑制機能とコミュニケーション発達

　他者との直接的な相互作用に必要とされる能力として，コミュニケーション能力が挙げられる。コミュニケーションと一口にいっても，乳児のころの役割交代の能力の発達 (Rutter & Durkin, 1987) から，幼児期における指差しを含めた非言語的なコミュニケーションに関する研究 (Liszkowski, Carpenter, Henning, Striano, & Tomasello, 2004)，表示規則 (display rule)[6] や Grice の公理[7] に代表されるような語用論的な発達にいたるまで (Banerjee & Yuill, 1999; Grice, 1980; Fu & Lee, 2007)，その幅は極めて広い。本書では，コミュニケーションとは，言語を用いた他者との相互作用のことを指すことにする。コミュニケーション発達と抑制機能の関連はこれまでほとんど報告されていないが，理論上はその関連があっても不思議ではない。例えば，コミュニケーションとは双方向的なものであるが，一方が情報を発信しているときには，もう一方は情報を発信することを抑制し，受信する側になる必要があるだろう。また，嘘をつくという場合，本当のことを言うことを抑制しなければならないであろう。コミュニケーション発達と抑制機能の関連は，検討するに値するテーマだと思われる。

　直接的にその関連を検討した研究は少ないが，嘘をつくことと抑制機能の関連が指摘されている。親は，子どもが嘘をつくようになると，ショックを受けるという。確かに，嘘をつくことは，あまり褒められたことでないが，嘘をつくためには，現実と非現実の区別，真実を言うことの抑制（秘

---

6)　個人間のコミュニケーションで,情報を伝えたり,情動や態度を表出したりするルール (Talwar & Lee, 2002)。

7)　Grice が提唱した会話の公理。会話は，適切な情報量で，偽ることなく，テーマと関連して，明瞭かつ簡潔になされるべきであるとしている。

密），相手の知識状態の推測などの高度な認知能力が必要であり，発達心理学として大変興味深いテーマである。Talwar and Lee（2008）は，幼児と児童の抑制機能と嘘の関連について検討した。この研究では，参加児は実験者に背中を向けて座る。その後，実験者が玩具を取り出し，玩具が何であるかを参加児に推測させる。玩具は様々な音を出すため，その音から玩具を推測しなければならない。これを参加児が数試行正答した後に，テスト試行を実施する。テスト試行でも玩具が音を鳴らすが，参加児にとってこの玩具を音から推測するのは難しい。その際に，実験協力者が実験者を呼びに来て，実験者がその部屋を離れる。その際に，「おもちゃを見てはだめだよ」と教示するのだが，実験者がいない間にたいていの参加児が見てしまう。実験者が部屋に戻ってきて，玩具を見なかったかどうか参加児に尋ねる。このときに，「見なかった」と主張する子どもは，「見た」と正直に答える子どもよりも，抑制機能課題の成績が高かったという。

　また，成人と子どもの質問形式の会話と，抑制機能の関連を検討した研究がある。この研究では，幼児の被暗示性（suggestibility）と抑制機能の関連について検討している。ここでの被暗示性とは，他者から誤った情報を与えられた際に，その情報からの影響の受けやすさを指す。幼い子どもは，他者から与えられた誤った情報を，そのまま信じてしまいやすい（Bruck, Ceci, & Melnyk, 1997; Ceci & Bruck, 1993）。Scullin and Bonner（2006）は，被暗示性の高さと，抑制機能の発達との関連を調べた。この研究では，抑制機能の課題の成績と，被暗示性の高さの間に有意な相関関係は認められなかったが，抑制機能が他の変数を媒介にして被暗示性と関わっている可能性が示された。直接的な関連は示されなかったものの，Scullin and Bonner（2006）は，抑制機能が発達した子どもは，他者に質問されたときに，自分の心に最初に思い浮かんだことをそのまま答えることを抑制し，正しい反応をしやすくなる可能性があると述べている。確かに，成人が子どもに質問した際に，子どもが最初に思いついたことばかり答えてしまったら，

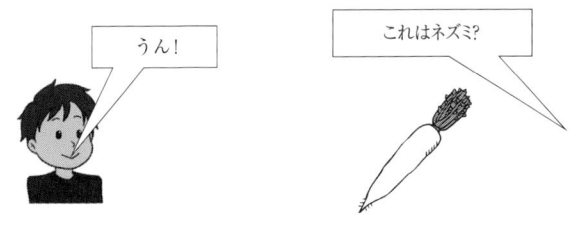

図2-3　幼児の肯定バイアス。何を聞いても「うん」と答える。

両者のコミュニケーションは成立しえないであろう。成人と子どもの質問形式の会話およびその発達を，コミュニケーションおよびその発達の一形態と捉えることはそれほど不自然ではないと思われる。

　このことと深く関連するような現象が，発達研究では古くから報告されている。それは，成人が子どもに「イエス/ノー」形式の質問を与えたときに，子どもがどの質問にも「イエス」と答えてしまうという，肯定バイアスである（図2-3参照）。この肯定バイアスは，法廷や警察の目撃証言などに加えて，発達心理学の実験場面や家庭においても観察される。Fritzley and Lee (2003) がそれまでの研究をメタ分析し，それらの研究で一致していない点を明らかにするために，大掛かりな実験を行った。その結果，2歳から3歳にかけて肯定バイアスがみられること，4歳ころには消失することなどを示した。Okanda and Itakura (2008) はこの研究を追試し，日本やベトナムでも同様の現象がみられること，日本の子どもでは4歳ころまで肯定バイアスが残存することを示した。

　この肯定バイアスがあることで，成人と子どものコミュニケーションが成立しにくい場合があると思われる。何を質問しても子どもが「イエス」としか答えないイエスマンであれば，子どもから情報を取得することは難しい。逆に，この肯定バイアスが消失する過程は，限定された状況ではあるが，コミュニケーション発達の過程として捉えることが可能であろう。そこで，本章では，この肯定バイアスが消失する過程をコミュニケーショ

ンの発達過程と位置づけ，抑制機能の発達との関連について検討する。

2.4　抑制機能と肯定バイアスに関する検討

　これまでの肯定バイアスの研究では，なぜこの現象が3，4歳ころに消失するかは明らかではない。しかしながら，Okanda and Itakura (2007a) によると，この肯定バイアスは発達心理学の実験場面だけではなく，家庭で母親と会話しているときにもみられるという。この研究は，肯定バイアスが，ある程度は，自動的に産出されている可能性を示唆している。また，先述した Scullin and Bonner (2006) の示唆とあわせると，肯定バイアスが消失する過程に，抑制機能が関わっているという仮説を立てることができる。

　しかしながら，抑制機能の発達が唯一の要因ではないと考えられるため，他の要因との関連も検討する必要があるだろう。1つの潜在的な要因は，言語能力である。Fritzley and Lee (2003) によると，子どもは，自分の知らない物体について質問されたときの方が，知っている物体について尋ねられたときよりも，「イエス」と答える傾向が強い。このように，言語的な知識が肯定バイアスに影響を与える可能性がある。もう1つの潜在的な要因は，心の理論である。再び被暗示性の文献を例にすると，心の理論の発達により，子どもは他者が誤解していることを理解できるようになる。そのことにより，他者発信の誤った情報に影響をされなくなるという (Thomsen & Berntsen, 2005; Welch-Ross, Diecidue, & Miller, 1997)。肯定バイアスの場合，心の理論が発達していないと，子どもは他者が奇妙な質問をした際に他者が誤解していることを理解できないため,抵抗できず「イエス」と答えてしまうのかもしれない。

　そこで筆者は，肯定バイアスの個人差を調べ，それと言語能力，抑制機能および心の理論の個人差との関連を調べた。もし抑制機能と肯定バイアスの間に有意な相関がみられれば,本章の,抑制機能の発達がコミュニケー

ション発達に寄与しているという主張を支持することになるであろう。

実験2：子どもは「はい」と答える傾向を抑制できない

研究は，3歳から5歳の健常な40人の保育園児を対象とした。参加児は全員保育園にて1人ずつ実験に参加した。課題は，肯定バイアステスト(Yes bias: Okanda & Itakura, 2008)，DCCS課題(Inhibitory control: Zelazo et al., 1996)，誤信念課題(Location false belief task: Wimmer & Perner, 1983)，スマーティー課題(Content false belief task: Perner, Leekam, & Wimmer, 1987)，絵画語彙発達検査(Verbal ability: 上野・撫尾・飯長, 1991)の順序で与えられた。

まず，肯定バイアステストを説明する。この課題では，実験者は，参加児に6つの物体(青いコップ，りんご，絵本，コーヒーフィルター，靴べら，CPU)のうち1つをランダムに取り出し，それぞれの物体の特徴と機能について4つの質問をした。例えばりんごについては，「これ赤い」「これ腐っている」「これ食べ物」「これ青い」の4つの質問が与えられた。正しく答えるために，参加児は物体の名前を知っている必要はない。4つの質問のうち，2つの質問はイエスが正しい反応であり(イエス質問)，2つの質問はノーが正しい反応である(ノー質問)。つまり，参加児は全部でイエス質問を12問，ノー質問を12問与えられた。得点化の方法は，Fritzley and Lee (2003) に倣い，各参加児について，肯定バイアスがあるかどうかを示す反応バイアス得点が算出された[8]。最大値が1，最小値が-1であり，

---

[8] まず，イエス得点とノー得点を算出する。イエス得点は，イエス質問にイエスと答えたら1点，ノーと答えたら-1点加えることによって得られた。ノー得点は，ノー質問にノーと答えたら1点，イエスと答えたら-1点加えることにより得られた。イエス得点はイエス質問の総数で割られ，相対的なイエス得点が算出され，ノー得点も同様にして，相対的なノー得点が算出された。次に，相対的なイエス得点から相対的なノー得点を引いて，最大値が1，最小値が-1の反応バイアス得点が得られた。反応バイアスを持たない参加児は反応バイアス得点が0となった。

反応バイアスを持たない参加児は反応バイアス得点が0となる。また，プラスの反応バイアス得点は肯定バイアスを持つことを，マイナスの反応バイアス得点は否定バイアス[9]を持つことを意味する。

　抑制機能の発達を評価するために，DCCS課題が用いられた。第1章でも紹介したが，この実験では「青いコップ」と「赤い星」をターゲットとし，参加児にこのターゲットとは色と形の組み合わせが異なる「赤いコップ」と「青い星」を提示し，それらを分類するように求めた。第1段階では，2つの属性のうち1つ（例えば，色）で6試行分類させ，第2段階では，1つ目とは異なる属性で6試行分類させた（例えば，形）。第2段階で参加児が正答した試行数を抑制機能の得点とみなした（レンジ0-6）。

　心の理論課題としては，位置誤信念課題とスマーティ課題が用いられた。位置誤信念課題（Wimmer & Perner, 1983）では，参加児は，紙芝居で，男児がチョコレートを箱Aに隠して外出したが，その間に男児の姉がチョコレートを箱Aから取り出し，箱Bに隠す，という話を提示された。その後，参加児は統制質問として，記憶質問（「男の子はチョコレートをどこに隠したかな」），現実質問（「今チョコレートはどこにあるかな」）を与えられ，テスト質問として，誤信念質問（「男の子はチョコレートを探すときどこを最初に探すかな」）が与えられた。全ての質問に答えることができたら，この課題に通過したとみなされた（レンジ0-1）。

　スマーティ課題（Gopnik & Astington, 1988; Perner et al., 1987）では，実験者はバンドエイドの箱を提示し，参加児に，箱の中に何が入っているかを尋ねた。その後，実験者は箱を開け，中に入っている電池を参加児に見せた。次に実験者は箱を閉じ，参加児に彼らの最初の誤信念（「この箱を最初に見たとき，お兄ちゃんが開ける前，（参加児の名前）ちゃんは箱の中に何が入っていると思っていた」）と，友達の信念（「（友達の名前）ちゃんのお友達はこの箱

---

[9]　本実験の関心は肯定バイアスにあるが，Fritzley and Lee（2003）によると，5歳を過ぎると，どの質問にもノーと答える否定バイアスを持つ子どもが散見されるという。

2.4 抑制機能と肯定バイアスに関する検討

表 2-1 実験 2 における年少群および年長群の各課題の成績の平均値 (M) および標準偏差 (SD)

	年齢群		
	合計	年少群	年長群
	M (SD)	M (SD)	M (SD)
月齢	49.29 (7.11)	43.42 (2.90)	55.15 (4.81)
言語年齢	48.85 (10.38)	46.40 (7.80)	51.30 (12.1)
反応バイアス得点	.16 (.24)	.16 (.21)	.16 (.27)
DCCS	3.08 (2.87)	2.15 (2.66)	4.00 (2.82)
心の理論			
位置誤信念課題	.38 (.49)	.25 (.44)	.50 (.51)
スマーティ課題	.85 (.77)	.60 (.68)	1.10 (.79)
心の理論得点	1.23 (1.10)	.85 (.93)	1.60 (1.14)

の中を見たことはないけど，お友達は中に何が入っていると思うかな」）について尋ねた。また，統制として，現実質問も与えられた（「この中には本当に何が入っているかな」）。参加児は，彼ら自身の誤信念および友達の誤信念それぞれについて得点を与えられた（レンジ 0-2）。

言語能力としては，参加児は，日本語版語彙発達検査（上野ら，1991）を与えられた。このテストでは，参加児は 4 つの絵のうちから，言語的に提示された語の意味を表しているものを 1 つ選ぶよう求められた。このテストにより，各参加児の言語年齢が算出された。

次に結果について記述する。まず，記述統計の値を表 2-1 に示した。月齢の中央値である 48.5 ヶ月で参加児を年少群と年長群に分類して記述した。誤信念課題の得点と，スマーティー課題の成績は有意に相関しており，これらの課題は共通した構成要素を持っていると考えられるため，成績を総計して，各参加児について心の理論得点を算出した。以後の分析では，この心の理論得点を用いた。

表 2-1 に記されているように，年少群・年長群ともに，正の反応バイアス得点であった。各年齢群の平均反応バイアス得点が有意に正の値を示しているかどうかを 1 サンプルの t 検定で検討したところ，参加児の平均

表 2-2 課題間の成績の相関

変数	2	3	4	5	6	7
1. 月齢	.39*	−.20	.43**	.42**	.41**	.48**
2. 言語年齢		−.47**	.33*	.34*	.26	.34*
3. 反応バイアス得点			−.43**	−.06	−.15	−.13
4. DCCS				.24	.34*	.35*
心の理論						
5. 位置誤信念課題					.49**	.79**
6. スマーティ課題						.92**
7. 心の理論得点						

*N = 40, *p<.05, **p<.01

　反応バイアス得点は，両群ともに，ゼロ（バイアスなし）よりも有意に高い値であった。この結果は，この実験の参加児が肯定バイアスを持っていることを示した。年少群と年長群の間に差は認められなかったが，日本人幼児は 4 歳ころまで肯定バイアスを持つとする先行研究と一致した結果であった (Okanda & Itakura, 2008)。

　表 2-2 は，各変数間の相関関係について，Pearson の積率相関係数を求めたものである。表 2-2 の通り，参加児の年齢は，抑制機能得点，心の理論得点，および言語年齢とは有意な正の相関が認められたが，反応バイアス得点とは有意に相関していなかった。また，反応バイアス得点と抑制機能得点との間，反応バイアス得点と言語年齢の間に有意な負の相関がみられた。一方，反応バイアス得点は，心の理論得点とは有意に相関していなかった。次に，偏相関分析を実施したところ，反応バイアス得点と，抑制機能得点および言語年齢それぞれとの間の負の相関は，年齢を統制した際にも，有意であった。さらに，抑制機能得点は，年齢，言語年齢および心の理論得点を統制しても，反応バイアス得点と有意に相関していた。

　抑制機能，言語年齢および心の理論がそれぞれ肯定バイアスにどの程度寄与しているかを探るため，これらの要因に関する成績と年齢を説明変数，反応バイアス得点を目的変数として重回帰分析を行った (図 2-4)。その結

2.4 抑制機能と肯定バイアスに関する検討

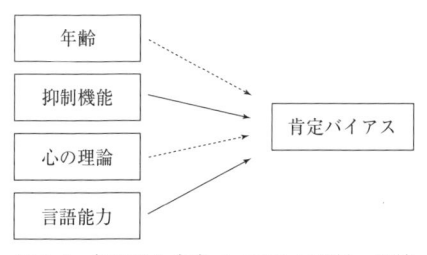

図2-4 各要因と肯定バイアスの関係。実線は有意に予測したこと，点線は有意な関係がみられないことを示す。

果，相関分析と同じく，年齢および心の理論は肯定バイアス得点を有意に予測しなかった。抑制機能得点および言語年齢は，肯定バイアス得点を有意に予測した。

以上の実験から明らかになったのは，参加児の言語年齢が，反応バイアス得点を予測するということである。つまり，言語能力が高い子どもは，あまり肯定バイアスを示さず，言語能力の低い子どもは，肯定バイアスを示す傾向が強いことが示唆された。両者の関連についての1つの解釈は，絵画語彙発達検査で高い得点を得た子どもは，より高い言語スキル，例えば，語用論的なスキル，を持っており，それらのスキルが低い反応バイアス得点に繋がったのではないかというものである。この解釈の裏づけとして，絵画語彙発達検査の成績は，より一般的な言語スキルを測定する課題の成績と有意に相関するというものがある (Carvajal, Parks, Logan, & Page, 1992; Hodapp, 1993)。加えて，Fritzley and Lee (2003) は，語用論的な発達や会話理解の発達が肯定バイアスの消失に影響を及ぼすと示唆している。これらの解釈を裏付けるための，より直接的な証拠が必要であろう。

この相関について，言語年齢が高い子どもは，低い子どもに比べて，単純に質問の構造を理解しやすく，それが反応バイアス得点の違いに繋がった，という解釈ができるかもしれない。しかしながら，いくつかの先行研究が，2歳ころまでに，「これはXですか」というタイプの質問構造を理

解できることを示している（Brown, 1973; Schuman, Bala, & Lee, 1999）。このことを考慮すると，言語年齢と反応バイアス得点の関連を，単純な質問構造の理解をもって解釈することは難しそうである。

　この研究において最も重要な，抑制機能と肯定バイアスの関連について考察を加える。実験結果は，参加児の抑制機能が肯定バイアスを予測することを示した。この結果は，子どもが「イエス/ノー」質問に「イエス」と答えてしまうのは，彼らが「ノー」と答えるべきときにも，優位なイエス反応を抑制することが困難であることに起因している可能性を示した。子どもの「イエス」反応が自動的であることを示す研究は，この解釈を裏付けるかもしれない。Okanda and Itakura (2007a) は，就学前児は，実験者にだけではなく，自らの母親の質問に対しても「イエス」反応をしがちであることを示した。また，Okanda and Itakura (2007b) は，年少の子どもは，物体に関する質問に限らず，彼らの好嫌に関する質問や，ヒトの顔の表情に関する質問に対しても肯定バイアスを示すことを報告している。興味深いことに，子どもたちは，それらの質問について選択させると正しく答えることができるのである。例えば，「リンゴは青い？」という質問に「イエス」と答える幼児でも，赤いリンゴと別の物体を提示した際に赤いものを選択するように求めると，赤いリンゴを選択できる。つまり，子どもは，質問を理解しており，その答えも知っている。にも関わらず，彼らは質問に「イエス」と答えてしまう。これらの研究は，彼らが自動的なイエス反応を持ち，その傾向を抑制できないために肯定バイアスが観察されるという本実験の解釈と一致したものであろう。

　そうであるとして，なぜ「イエス」反応は優位なのであろうか。1つの可能性としては，両親の子どもに対する質問の中に，子どもが「イエス」と答えることを期待しているような質問が多いことが考えられる。例えば，「チョコレート食べたくない」と子どもに尋ねるよりも，「チョコレート食べたい」と尋ねるほうが圧倒的に多いであろう。このような「イエス」と

答えるべき質問が多く与えられた結果，子どもは「イエス」と答える経験が，「ノー」と答える経験を上回り，質問をされたときに「イエス」と答える構えを身に付けたのではないか。この解釈はあくまで推測に過ぎないため，母子の相互作用の場面を観察するなどして，このような解釈の妥当性を検討する必要があると考えられる。

　この結果は，抑制機能が，子どもの，大人の質問に対する反応と関わっているとする，先行研究の結果と一致している。Scullin and Bonner (2006) は，子どもの抑制機能が，その子どもたちがあるイベントについて質問されたときの被暗示性の受けやすさに，間接的にではあるが，関連することを示した。本実験の結果は，これらの結果とともに，子どもの抑制機能の発達が，大人の質問に対する答え方，つまりはコミュニケーション発達，に影響を及ぼす可能性を示唆している。

　この研究では，心の理論課題の成績と，反応バイアス得点との間には有意な相関が認められなかった。実験者が質問について誤信念を持っていることを理解できるかどうかに関わらず，参加児は「イエス/ノー」質問に対して「イエス」と反応する傾向にあった。両者の関係がみられなかったのは，肯定バイアステストでは，参加児は実験者の誤信念を考慮する必要がなかったことによるかもしれない。ここで用いたテストでは，参加児は，物体の特徴と機能について尋ねられ，比較的早く質問に答えることが求められた。そのため，たとえ参加児が誤信念を理解することができたとしても，テストの間に実験者の誤信念を考慮しなかったのかもしれない。そして，それを反応に活かすことができなかったのかもしれない。

　要約すると，これらの実験結果は，就学前期の肯定バイアスの消失が，言語能力と抑制機能の発達に関わっていることを示唆している。また，言語能力と抑制機能は，それぞれが肯定バイアスの消失に寄与している可能性が示された。つまり，抑制機能が発達していない子どもは，肯定バイアスを示しやすい。しかしながら，もし2人の子どもの抑制機能が同程度に

発達しているとしたら，言語能力が高いほうの子どもは，低い子どもよりも，肯定バイアスが弱いのである。

2.5 社会的世界における抑制機能の役割 (1)

　本章では，抑制機能と社会的知性の発達の関連について検討してきた。以下，これらの研究を考えあわせた総合的な検討を行う。

　抑制機能と社会的知性の発達に関する議論は，心の理論研究に負うところが大きい。心の理論の発達は，発達心理学の中でも中心的なテーマであるため，心の理論と抑制機能の発達的関連についても関心が持たれてきた。この関連については未だ議論が続いているが，これまでの知見を考慮すると，暫定的な結論としては，抑制機能の発達が心の理論の発達に寄与しているということになるであろう。両者の関連についての基本的な考えは，自分の知識や信念などの思考を抑制することによって，他者の知識や信念など，他者の持つ表象に気づくことができるようになるというものである (Moses, 2001)。この研究を足がかりに，その数は十分とはいえないものの，抑制機能と社会的知性の発達に関する研究がなされてきた。例えば，抑制機能が発達することにより，情動制御が熟達していくことが示されている (Calrosn & Wang, 2007; Eisenberg et al., 1995; Jahromi & Stifter, 2007)。情動制御は，集団生活や対人相互作用などにおいて極めて重要であり，社会的知性の発達の1つの例として捉えることができる。また，コミュニケーション発達にも，抑制機能は重要な役割を果たしている。被暗示性への抵抗や嘘，他者の「イエス/ノー」質問に答えるときに，子どもは自らの心に最初に浮かんだものを抑制することにより，他者と円滑にコミュニケーションできるようになる。また，抑制機能が発達している子どもは，そうでない子どもよりも，道徳的な行動を選択しやすい (Kochanska et al., 1996, 1997)。

　これらの知見を併せて考えると，抑制機能が発達することによって，ヒ

2.5 社会的世界における抑制機能の役割 (1)

トは，他者に対する認知や，他者とのコミュニケーションを熟達化させ，また，道徳的な行動を産出しやすくなるという可能性が示唆される。つまり，抑制機能を発達させることにより，社会的知性を獲得し，ヒトが進化の中で確立してきた社会的世界に適応することが可能となるのではないだろうか。換言すれば，社会的世界における抑制機能の発達的意義とは，子どもが社会的知性を発達させることで，より社会的世界に適応した存在になることではないだろうか。

強調しておきたい点は，ここでの社会的知性には，ヒトに特有で，ヒトの社会に必要とされる知性が含まれている点である。第6章で触れる通り，ヒト以外の生物も，社会を形成し，社会的な知性を発達させている（藤田, 2007）。それら他の生物の社会的知性とは異なる，ヒト特有の社会的知性の一部の獲得に抑制機能が寄与しているのではないだろうか。

もちろん，ほぼ全てが相関研究であることから，抑制機能が社会的知性の獲得に寄与するという主張が支持されたとはいいがたい。心の理論研究に関しては比較的知見が集まっているものの，その他については今後も知見を蓄積していく必要があるだろう。

このような研究について議論すること，それ自体は新しいものではない。Zelazo et al. (2008) は，実行機能の発達に関するレビューの中で，認知的相関の例として心の理論を，社会-感情的相関の例として，情動制御や道徳理解を挙げている。しかしながら，Zelazo は，実行機能を多様な存在ではなく，単一の存在として捉えているため (Zelazo, 2004; Zelazo & Müller, 2002)，それらの相関についての踏み込んだ説明をしていない。また，彼らの考察では，社会的知性などという表現は使われていない。本書では，幼児期の実行機能は抑制機能とワーキングメモリの2要素から構成されていると仮定しており，特に抑制機能と社会的知性の相関について議論してきた。それ故，その相関についての詳しい説明が可能となったのである。物理的知性と対応させている点も本書の特徴といえよう。

本章では，抑制機能は社会的知性の発達や社会的な存在になるために必要であるという仮説を提唱した。ただし，ここで紹介している研究の多くは，2.4節での考察を除き筆者自身の研究ではなく，この理論自体もそれほど新しいものではないかもしれない。しかし筆者の考えによれば，ここで提唱した理論は，次の第3, 4章で提唱する理論と併せたときにより大きな意味を持ってくる。

第3章

抑制機能と他者の行動

　第2章では，抑制機能が社会的知性の発達に及ぼす影響について紹介してきた．第3章では，この仮説とは少し矛盾するように思える主張を展開する．それは，抑制機能は，他者からの影響を防ぐために機能しているという仮説である．この主張を考える契機になった事象は2つある．1つは，ヒトの子どもにみられる，「過剰」な社会性である．子どもは，他者の行動に強く影響を受けてしまい，ときに自分を律することに失敗する．もう1つは，脳損傷患者にみられる，強制的な模倣行動である．どちらの事象も，「過剰」である点と，前頭前野が十分に機能していない場合に起こるという点で共通している．まずは，子どもにみられる過剰な社会性について紹介する．

3.1　子どもにみられる過剰な社会性

　「ちんぽんじゃらん　さらめのさっさ　ちんぽんじゃらん　さらめのさっさ」
　ぼくは　そううたいながら，ステンレスのしょっきを　スプーンでたたいた

(中略)
すると どうだろう，男の子たちがつられて いっせいに しょっきを たたきながら，わけの わからない ぼくの いいだしたことばを，がっしょう しはじめた
「ちんぽんじゃらん　さらめのさっさ　ちんぽんじゃらん　さらめのさっさ」
(代田昇著『たたされた2じかん』pp. 26-28)

　子どもは，ときに，成人からみると過剰ともいえる社会性をみせることがある。例えば，代田昇著の『たたされた2じかん』では，主人公の少年が突如踊りながら歌いだすと，同じクラスの男の子たちは，その行動がまるで「感染」したかのように，同じ行動を産出してしまう。以下では，子どもにみられる，このような過剰な社会性についてみていく。

　これまで繰り返し述べてきたように，ヒトは社会的な生物であり，社会的な世界の中で成長する。社会的世界で成長するからには，当然，他者に対する感受性は極めて早期から発達させなければならない。事実，第2章で紹介したように，ヒトは生後まもなく他者に対する選択的な反応をみせ (Crichton & Lange-Kütner, 1999; Legerstee, 1992)，その後も他者に対する感受性を発達させ続けていく (Butterworth & Jarrett, 1991; Carpenter et al., 1998; Woodward, 1998)。ヒトは，このような社会的知覚・社会的認知の能力に加えて，社会的学習の能力も早期から発達させる。例えば，Barr, Dowden, and Hayne (1996) は，6ヶ月児から24ヶ月児の遅延模倣の能力を調べた。遅延模倣とは，観察者が，モデルのある特定の行動 (この実験では，ぬいぐるみを用いた行動) を観察し，遅延時間 (この実験では24時間) を挟んだ後に，その行動と同じ行動を産出することを指す。この実験の結果，生後6ヶ月ころからヒトは模倣し始めることが示された。また，Jones (2007) も，時期は異なるものの，Barr et al. (1996) と同様に生後2年でヒトは模倣能力を発達させることを示した。

　このように早期から他者，もしくは他者の行動に敏感であることは，ヒ

トという種にとっては生存という意味においても極めて重要である。しかしながら，他者や他者の行動を過剰に信頼したり，過剰に反応したりするとすればどうであろうか。特に，第1章で述べたように，子どもがより開かれた世界に出て多くの他者に出会う幼児期・就学前期にこのような傾向を持っていることにより，ときには，子どもは誤りや危険に導かれるかもしれない。近年の比較認知的な研究は，そのような事象に関する興味深い知見を提示している。主に，子どもとチンパンジーの模倣能力を比較する研究からの報告である。

模倣の比較認知的研究

ここでは，模倣の比較認知科学的研究についてレビューする。模倣学習（imitation learning）とは，社会的学習の一形態である。他者の行動を参照することにより，試行錯誤の手間を省き，急速な学習が可能となる。近年の模倣研究の第一人者，Andrew Meltzoffによると，模倣とは，1）観察者がモデルと同じ行動を産出すること，2）行為を知覚することにより観察者の反応が生起すること，3）自己と他者の振る舞いの等価性が，反応の生起に一役買っていること（他者が自分のよう（like me）であること），の3つの条件が揃ったときに生起するという（Meltzoff, 2005）。ヒトの研究の場合，観察者とモデルの行動が一致した場合は，模倣が生起したとみなされやすいが，動物行動学者や比較認知科学者は，ヒト以外の種で同様の現象がみられたとしても，その解釈には慎重である。彼らによると，観察者がモデルと同じ行動をとったとしても，それは，局所強調（local enhancement: Thorpe, 1956, 1963），刺激強調（stimulus enhancement: Spence, 1937），ミミック（mimicry: Tomasello, Kruger, & Ratner, 1993），エミュレーション（emulation: Tomasello, 1990），そして真の模倣（true imitation: Tomasello, 1990）のいずれかに分類されるという。局所強調および刺激強調とは，他の個体が何らかの行為を行っている場所および刺激が，観察者にとって顕著になり，他の個

体と同様の行動をとりやすくなることを指す。ミミックとは，観察者が，当該の行為の有効性についての認識はなく，モデルの行動を再現することである。エミュレーションに関しては研究者間で定義が一致していない（Want & Harris, 2002）が，ここでは，観察者がモデルの行動と同じ目標を持つ行動をするが，その目標到達手段はモデルとは異なるという Whiten and Ham（1992）の定義を採用する。真の模倣とは，手段も目的もモデルと同じものを選択することを指す。

　これまでの研究では，ヒトは発達早期から真の模倣をするが，ヒト以外の種では真の模倣は難しいことが示されている。ヒトの近縁種であるチンパンジーにおいては，真の模倣は難しくエミュレーションを選択しやすいという知見と，真の模倣も可能だとする知見が混在している（Call, Carpenter, & Tomasello, 2005; Horner & Whiten, 2005; Nagell, Olguin, & Tomasello, 1993; Tennie, Call, & Tomasello, 2006; Whiten, Custance, Gomez, Teixidor, & Bard, 1996）。ヒトが真の模倣が得意であることから，真の模倣が最も有効な戦略だと思えるかもしれない。しかしながら，エミュレーションにより，学習した行動を様々な状況や問題に一般化させることが可能であり（Horner & Whiten, 2005），真の模倣はいつも適切な戦略とは限らないことが示唆されている（Tomasello, Davis-Dasilva, Camak, & Bard, 1987; Want & Harris, 2002）。おそらく，いかにして目標に到達するかという因果的な関係が観察者にとって明らかな場合はエミュレーションが，そのような因果関係が観察者にとって不透明であるような場合は真の模倣が有効な手段であるといえよう。ヒトの成人はこのような使い分けが可能であると思われる。

幼児における過剰模倣

　ところが，ヒト幼児の模倣行動は非常に非効率であることが明らかになりつつある。まず，Nagell et al. (1993) は，道具使用課題において，チンパンジーとヒト 2 歳児の模倣戦略について調べた。彼らは，図 3-1 の道

3.1 子どもにみられる過剰な社会性

Rake Position　Edge Position

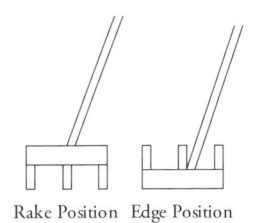

図 3-1　Nagell et al.（1993）で使用された道具
（Nagell et al., 1993; American Psychological Association の許可により転載。）

具を使用した。参加者の課題は，その道具を使用して，報酬を得ることであった（チンパンジーは食べ物，子どもは玩具）。この研究では3つの条件が用意された。各条件において，参加者の前に道具が図3-1のように Rake Position で置かれた。1つは，何のモデルもなく，参加者に試行錯誤で報酬を得ることを求める条件（モデルなし条件），1つは，モデルの道具は図3-1の Edge Position であるが，モデルはそのまま道具を使用し報酬を得る条件（部分モデル条件），そしてもう1つでは，モデルの道具は Rake Position であるが，モデルはその道具を反転させて道具を使用し報酬を得る条件（全モデル条件）であった。当然のことではあるが，道具を Edge Position にした方が報酬は得やすい。その結果，チンパンジーは，部分モデル条件でも全モデル条件でも，効率の良い Edge Position で報酬を得ようとした。一方，ヒト2歳児は，全モデル条件では Edge Position で道具を使用したが，部分モデル条件では，効率の悪い Rake Position で報酬を得ようとした。チンパンジーは部分モデル条件において，目標を重視した戦略，エミュレーションを行ったが，ヒト2歳児は，道具の Position に関わらず，モデルと同じ行動を選択した，つまりは，真の模倣を遂行したといえよう。これが興味深いのは，モデルと同じ行動を選択することが，報酬を獲得するという意味では非効率的であるという点である。チンパンジーと幼児では，報酬に対するモチベーションが異なるという可能性も否定はできないが，ヒトの子どもがときには「過剰」に模倣してしまうとい

第3章　抑制機能と他者の行動

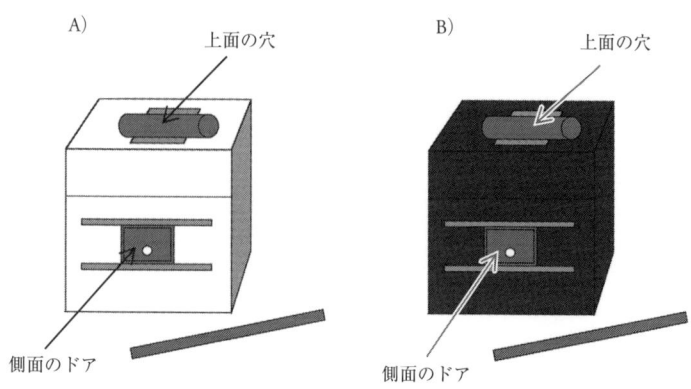

図3-2　Horner and Whiten（2005）で使用されたA）は透明，B）は不透明の箱。
（Horner and Whiten (2005) の図をもとに，本書向けに作成。）

う一例であろう。

　同様の報告が，Whitenとその共同研究者によってもなされている（Horner & Whiten, 2005; Whiten et al., 1996）。彼らは，"artificial fruit"という道具使用パラダイムで，チンパンジーとヒト3，4歳児の模倣戦略を検討した。図3-2に示されているように，この課題では，道具を用いて箱の中の報酬を得ることが求められる。この箱には側面と上面に穴があるが（それぞれドアとボルトで覆われている），報酬を得るためには側面のドアを開け，その穴から道具を挿入しなければならない。この研究の特徴は，2点ある。1点目は，モデルはまず上面のボルトを外し，上面の穴から道具を挿入した後に，ターゲットとなる行動を遂行した。つまり，故意に「非効率」な行動をした点である。もう1点は，2つの箱，透明な箱と不透明な箱，を用意した点である。透明な箱の場合，モデルの行動が非効率であることは明らかなので，そのまま真似するよりも，最初から側面の穴に道具を挿入すべきである。一方，箱が不透明の場合，モデルの行動が非効率かどうかは不明なので，そのまま真似した方が望ましいと考えられる。これは先ほど触れた，エミュレーションと真の模倣の使い分けに関する理論的な考察と一致する。

この実験の結果が，極めて興味深い。チンパンジーは，箱によって異なった行動を示した。箱が不透明の場合は，モデルの行動を逐一真似したが，箱が透明の場合は，余計な行動はせず，非常に効率的に報酬を得ることができた。一方，ヒト3，4歳児はいずれの箱の場合もモデルと全く同じようにして道具を使用したのである。つまり，ヒトはモデルの行動が非効率であるときにも，模倣してしまったのである。

模倣研究以外にも，ヒト幼児が他者の行動に「過剰」に反応することが示されている。例えば，Itakura (2001) によると，1歳前後の幼児は，母親がある刺激を指差しして紹介すると，母親が指差しをやめた後もその刺激に着目し続けてしまう。一方，その刺激が点滅した場合は，その刺激が点滅している間には幼児はその刺激に着目するが，点滅を終えた後はその刺激に対する注意はすぐに失われた。また，Moriguchi and Itakura (2005) は，探索課題において，2歳児の探索行動が他者の指差しに強く影響されることを示した。この課題では，幼児の視界外で2つのコップのうち一方に玩具を隠し，成人の実験者がそのうち一方を指差しした。幼児が指差しされたコップを選択できると，今度は幼児の目の前で玩具を隠し，実験者は隠されたコップとは逆のコップを指差しした。この際に，幼児の探索行動は実験者の指差しに影響され，ときには誤ったコップを探索してしまうという。

これらの研究から示唆されることは，乳幼児が他者の行動に過剰に反応するということである。他者を盲信しているとさえいえるかもしれない。自分一人では生き抜くことのできない乳幼児にとって，身近な他者，主に養育者の行動を信用するのは極めて適応的なことである。おそらくは，乳幼児期のそのような経験を積み重ねた結果，他者の行動が非効率であったり，ときには誤ったりしているときですら，その行動を信用してしまうのではないだろうか。本章の主張は，そのような他者への過剰な反応が，抑制機能が発達することにより消失するということである。この主張を述べ

る前に，脳損傷患者の研究についてみていきたい．

3.2 脳損傷患者にみられる模倣行動[1]

　本章では，幼児のみせる過剰な社会性と抑制機能の関連について議論をしていくわけだが，そのことを裏付ける証拠として，前頭葉損傷患者の研究が挙げられる．医学の領域でこの問題を最初に報告したのは，Lhemitteとその共同研究者であった (Lhemitte, 1983, 1986; Lhemitte, Pillon, & Serdaru, 1986)．Lhemitte (1986) は，前頭葉損傷の患者が，検査者の行動の真似を抑制できないことを報告した．その患者は，検査者が口に手を当てたり，手を振ったりすると，その行動と全く同じ行動を産出するのである．前頭葉損傷患者は，この他にも，使い方を知っている道具の使用を抑制できないなどの行動を示すようである．Lhemitte はこれらの行動を，"environmental dependency" もしくは，"utilization behavior" と呼び，つまりは前頭葉損傷の患者は外界の刺激に対して分別なく反応してしまうと報告している．

　Shimomura and Mori (1998) は，前頭葉損傷患者と，アルツハイマー病患者を対象に同様の実験を行った．この研究では，検査者がまず患者に何も告げずに，VサインやOKサインをした．もしこの時点で患者が真似した場合は，検査者は患者に真似をしないように教示した．もしこの時点で真似することを止めたら "naïve imitation"，教示してもやめることができなければ "obstinate imitation" と定義された．この結果が極めて興味深い．統制群として参加した健常な成人，アルツハイマー病患者および前頭葉損傷患者ともに，naïve imitation を産出してしまった（各群，全体の40％程度）．ところが，obstinate imitation を産出したのは，前頭葉損傷患者だけであっ

---

[1]　ここでの「模倣」とは，前述の分類ではミミックに近い．そのため，ここでは「真似」という言葉を用いる．子どもの研究が真の模倣であることとは異なる．

た。これらの結果は，前頭葉と過剰な模倣傾向が関連していることを強く示唆している。一方，von Gunten and Duc (2007) は，高齢者を対象に同様の実験を行った。認知症や抑鬱の高齢者には obstinate imitation がみられたが，健常な高齢者にはみられなかった。このような前頭葉損傷患者の模倣傾向は，神経心理学者の Luria によっても報告されている（第1章を参照）。また，抑制機能に障害を抱える ADHD の子どもも，utilization behavior を多く産出するという (Archibald, 2001)。

このような前頭葉損傷の患者の行動は，どのように説明が可能であろうか。実証的な証拠にはもとづいてはいないが，発達的にこの行動を説明する医学者もいる。Tanaka, Albert, Hara, Miyashita, and Kotani (2000) は，模倣行動に限らず，"environmental dependency" 全体を含めた上で，乳幼児は環境の刺激に対して何にでも反応してしまうが，前頭葉が発達することにより，それらの刺激への反応を抑制することができるようになると述べている。そして，抑制機能を司る前頭葉が損傷されたときに，乳幼児と同じような行動をしてしまうという。Archibald, Mateer, and Kerns (2001) も同様に，utilization behavior が，前頭葉の発達とともに消失していくと述べている。

これらの研究から示唆される重要な点は，物理的な刺激のみならず，他者の行動という社会的刺激によっても，脳損傷患者が行動の抑制に失敗したということである。

3.3 抑制機能と模倣行動

これまでで，乳幼児は他者の行動に過剰に反応すること，また，前頭葉損傷（おそらくは抑制機能に障害を抱えた）患者は，他者の行動に過剰に反応することをレビューしてきた。これらから，抑制機能が発達することにより，他者の行動への過剰な反応が消失する可能性が示された。本章では

この仮説の妥当性を検討していくが，この主張を裏付ける証拠がいくつか存在する。

　第1章でも述べたが，近年，Luria が脳損傷患者を対象に行ったものと同じ実験が子どもでも行われた。Diamond and Taylor (1996) は Tapping 課題を3歳から7歳までの子どもに与えた。この課題では，実験者が1回叩いたら子どもは2回，実験者が2回叩いたら子どもは1回叩かなければならなかった。その結果，3歳から4歳にかけて，この課題の成績が著しく向上した。Diamond and Taylor (1996) が3歳児の反応を詳細に分析したところ，実験者の叩いた回数に関わらず，一貫して1回もしくは2回叩く子どもが数人みられた。これは，ワーキングメモリに問題があると考えられる。しかし，最も興味深いのは，3歳児20人のうち，6人の子どもが実験者の真似をしてしまった点である。つまり，実験者が1回叩いたときは1回，実験者が2回叩いたときは2回叩いたのである。こちらは，抑制機能に問題があると考えられるであろう。つまり，これらの子どもは，他者の行動を観察した結果，その行動を模倣する傾向を抑制できなかったのである。

　もう1つの研究は，Huges (1998) の Hand game である。この実験では，子どもは実験者と同じ手の形をするように求められた。例えば，実験者が「グー」を出したら子どもも「グー」，実験者が人差し指を出したら，子どもはそれを真似るという具合である。その後に，子どもは実験者とは逆の手の形をするように求められた。つまり，実験者が「グー」を出したら，子どもは人差し指を出さなければならない。この実験では詳細なエラー分析はなされていないが，3歳から4歳にかけて著しく成績が向上したことが報告された。

　これらの研究は，いずれも模倣ゲームである。あくまで模倣行動に限定されるが，年少の子どもは実験者の行動を過剰に模倣してしまった。真似することを抑制できなかったといえるであろう。一方，4，5歳ころまで

にそのような傾向がみられなくなった。換言すれば，過剰な模倣傾向を抑制できるようになった。これらは筆者の仮説を一部支持しているであろう。

しかしながら，これらの研究にも問題点がいくつか指摘できる。1つは，これらの課題には，抑制機能とワーキングメモリの両方が必要だということである。Diamond and Taylor (1996) では，脱抑制的な行動をとった子どももいたが，単純にルールを覚えられなかった子どもも散見された。Huges (1998) では詳細に分析されていないが，課題の構造は同じであるから，同様にルールを覚えられない子どもがいたと考えられる。このような子どもはワーキングメモリに問題を抱えていると思われるため，より抑制機能に特化した課題を考案する必要があろう。2つ目は，あくまで模倣研究であるから，刺激は必ず他者の行動に限定されている。子どもが他者の行動だから反応したのか，それとも，他者の行動が刺激であることはそれほど重要ではないのかは明らかではない（この点については第4章で検討する）。他者の行動と物理的な刺激の影響を直接比較できる課題を考案する必要がある。3つ目は，これらの課題が全て，手の動きの模倣行動を扱っているという点である。このような他者の影響が，手の模倣に限定されるのか，その他の行動にもあてはまるのかを検討する必要もあろう。

3.4　抑制機能と他者の行動に関する検討

このような点を修正するために，筆者は，DCCS 課題を修正した課題を用いた。第1章で紹介したように，この課題は抑制機能の課題であり，ワーキングメモリの負荷も少ない。また，ルールの提示方法を工夫すれば，社会的な刺激に限らず，物理的な刺激にもなりうる。カード分類であるから，単純な手の模倣行動というわけでもないと考えられる。

ここで用いた修正版 DCCS 課題（以降，観察版 DCCS）では，1つ目のルールは，他者によって提示される。具体的には，色と形の2つの属性を含む

課題において，他者が1つの属性によってカードを分類する様子を子どもは観察した。その後，子どもは他者とは異なる属性でカードを分類するように教示された。その際に，子どもが正しくカードを分類できるかどうかを検討した。この課題を，3，4，5歳の子どもに与えた。もし筆者の主張が正しいのであれば，抑制機能がそれほど発達していない3歳の子どもは他者の行動に影響されやすいが，抑制機能が発達している5歳の子どもはあまり影響を受けないのではないだろうか。

この研究では観察版DCCS課題を様々に修正して子どもに与えた。それらの研究を大きく2つに分類して紹介したい。本節は，他者の行動という社会的刺激が子どもの抑制機能に影響を与えるかについて検討した。続く3.5節は，他者の行動は，テレビを通じても子どもに影響を与えるかについて検討したものである。

実験3-1：幼児は他者の行動に引きずられるか

健常な3歳児20人，4歳児20人，5歳児20人を対象にした。実験では，参加児がカードを分類する際の標的として用いるカード（以下，ターゲット）として「青い車」と「赤い家」を1枚ずつ，参加児が実際に分類するカード（以下，テストカード）として，「青い家」と「赤い車」を各3枚ずつ用いた。参加児は，実験者と対面してテーブルの側にある椅子に座った。参加児の横には，参加児にカード分類のデモンストレーションを行うデモンストレーターが座った（図3-3参照）。実験は観察段階と分類段階の2段階から構成された。

観察段階では，参加児は，実際に分類する前に，デモンストレーターが分類することを告げられた（「まずお姉ちゃんがゲームをやるから，静かに見ていて」）。デモンストレーターは，色と形の2つの属性のうち，1つの属性でテストカードを分類するように告げられた。デモンストレーターは

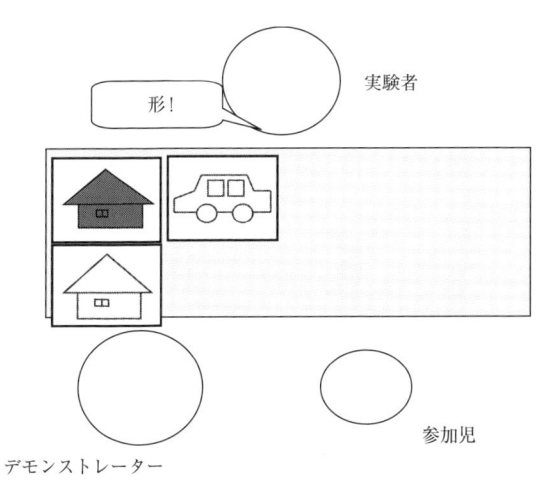

図3-3 実験3-1の観察段階。形ルールの場合。

「赤い車」のテストカードと「青い家」のテストカードを，各2試行ずつ，合計で4試行与えられ，同じ属性で分類し続けた。各試行でテストカードをトレイに置いた後に，デモンストレーターはフィードバックを与えられた（「そうだね」）。デモンストレーターは分類を終えた後に，実験を行っている部屋から退出した。分類段階では，参加児は，デモンストレーターが使用したのとは異なる属性でカードを分類するように教示された。例えば，デモンストレーターが形属性にもとづいて分類した場合は，参加児は色属性にもとづいてテストカードを分類するように教示された（「このゲームは，同じ色の方にカードを置いていくゲームだよ。（指差しをしながら）この赤いカードは全部こっちに，この青いカードは全部あっちに。」）。参加児は合計で5試行（「赤い車」2試行と「青い家」3試行，もしくはその逆）与えられた。参加児はフィードバックを与えられず，分類をためらっている場合には，分類するよう促された。

次に，結果について紹介しよう。分類段階において，5試行のうち，参加児が実験者の教示した属性に従って分類した試行の数を指標とした。各

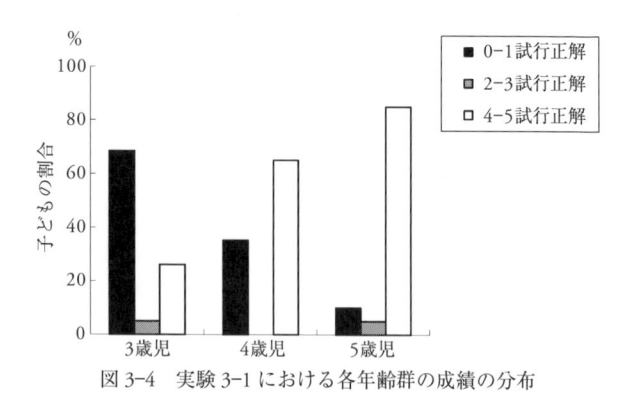

図3-4　実験3-1における各年齢群の成績の分布

年齢群において，ほとんどの参加児が5試行全て正しい属性でテストカードを分類できるか，5試行全て誤った属性でテストカードを分類するかのいずれかであったため（3歳児：97.4％，4歳児：97.5％，5歳児：97.5％），参加児を，0-1試行正解，2-3試行正解，4-5試行正解に分類した。

　図3-4に示されている通り，5歳児はほぼ全員が課題を通過することができたのに対して，68％の3歳児が教示された属性にもとづいてカードを分類することができなかった。彼らは，デモンストレーターが使用したのと同じ属性を用いて，カードを分類してしまった。これは，標準のDCCS課題にみられるのと同様に，固執的な誤りであるといえる。一方，4歳児は35％，5歳児はわずか10％しかその固執的な誤りを犯さなかった。カイ2乗検定の結果，年少の子どもは，年長の子どもに比べて，0-1試行正解に分類されやすかった。具体的には3歳児は，4歳児や5歳児よりも，0-1試行正解に分類されやすかった。4歳児と5歳児の間に有意な違いはみられなかった。

　実験3-1の結果は，標準のDCCS課題における知見と一致している。本実験がこれまでの研究と異なるのは，子ども自身が第1段階でカードを分類しておらず，他者の分類を観察しただけであるにも関わらず，固執的な誤りをしたことである。他者の行動を観察することで，まるで「感染」

するかのような効果が得られた。そのような観察をすることで，子どもは最初の属性を抑制し，新しい属性を使用することに困難を示した。このような傾向は，標準のDCCS課題でみられる誤りと非常に類似している。つまり，子どもは自分自身で最初の属性を使用しなくても，他者の行動を観察するだけで固執的な誤りをしてしまうのである。一方，5歳児はほとんどこのような行動を産出しなかった。

　この結果に与えられる1つの説明は，以下のものである。他者の行動は子どもにとって顕著であるため，子どもは他者の行動を観察することで，その行動に過剰に影響を受けてしまう。そして，別の行動をすべきときにも，観察した行動に引きずられてしまい，その傾向を抑制することができない。抑制機能が発達することにより，そのような傾向を抑制することができるのではないか。

実験3-2：幼児は他者の勘違いに引きずられるか

　実験3-1で，なぜ子どもは自分自身が第1段階でカードを分類していないにも関わらず，最初の属性でカードを分類し続けてしまったのであろうか。上述の解釈のほかに，参加児は，実験者の教示を聞いておらず，他者の行動に追随することを好んだという可能性が挙げられよう。実験3-2ではその解釈の妥当性を検討した。この実験では，3，4歳児はデモンストレーターが誤ってカードを分類する様子を観察した。例えば，実験者が形属性で分類するように教示したにも関わらず，デモンストレーターは色属性でカードを分類するという具合である。1つの条件では，デモンストレーターは自分の間違いに気づくが，結局誤った属性でカードを分類し続けてしまった（Aware条件）。もう1つの条件では，デモンストレーターは自分の誤りに気づかず，誤った属性で分類し続けた（Unaware条件）。これらを観察した後に，参加児は，実験者が最初に教示したルールでカードを

分類するように教示された。

　もし，実験 3-1 で観察された固執傾向が，参加児が実験者の教示を聞いていないことによるのであれば，両条件で固執的な誤りが観察されるであろう。つまり，両条件で，参加児はデモンストレーターが使用したものと同じ属性でカードを分類し続けるであろう。

　しかし，両条件で異なった結果が得られるかもしれない。Unaware 条件では固執的な誤りを産出し続けるが，Aware 条件ではそのような誤りがみられないかもしれない。この予測は，3 歳児ですら他者の知識状態に敏感であるとする近年の社会認知的研究の知見にもとづく（Esbensen, Taylor, & Stoess, 1997; Sabbagh & Baldwin, 2001）。例えば，Sabbagh and Baldwin (2001) は，3・4 歳児は語彙学習の際に，語と指示物の連関について知識を持っていない他者からよりも，知識を持っている他者からより多くを学んだことを示した。

　健常な 3 歳児 40 人，4 歳児 40 人が実験に参加した。5 歳児はほとんど正解できるため，実験には含めなかった。参加児は，ランダムに Unaware 条件と Aware 条件に割り当てられた。使用したカードは実験 3-1 と同じであった。両条件ともに，実験 3-1 と同様に 2 段階から構成された。

　Unaware 条件の観察段階では，デモンストレーターは，形属性にもとづいてテストカードを分類するように教示された。デモンストレーターは合計で 4 試行与えられたが，全ての試行で誤って色属性にもとづいてテストカードを分類した。そして各試行後に，デモンストレーターは自分の分類の正誤を尋ねられた（「これであっていますか」）。デモンストレーターはルールの間違いに気づかず，すぐに「はい」と頷きながら答えた。デモンストレーターは，各試行で，フィードバックを与えられ，間違っていることを告げられた。それでもデモンストレーターは誤った属性でカードを分類し続けた。

　分類段階では，参加児はデモンストレーターの分類が間違っていたこと

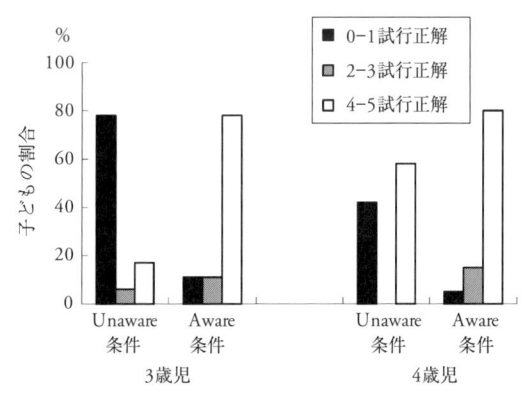

3.4 抑制機能と他者の行動に関する検討

図 3-5　実験 3-2 における各年齢群・各条件の成績の分布

を告げられ（「今お姉ちゃん間違っていた。お兄ちゃんが言ったのとは違うようにカードを置いていた。」），形属性で分類するように教示された。参加児は，合計で 5 試行与えられた。参加児にフィードバックは与えられなかった。

Aware 条件は，観察段階の 1 点を除いては，Unaware 条件と同じであった。試行後に，デモンストレーターは自分の分類の正誤を尋ねられた（「これであっていますか」）。デモンストレーターは間違いに気づき，「間違えました」と答えた。

結果は，図 3-5 に示した通り，Unaware 条件の参加児は，Aware 条件の参加者よりも有意に成績が悪かった。Unaware 条件では，78％の 3 歳児および 42％の 4 歳児が固執的な誤りを産出した。この結果は，実験 3-1 のパタンと類似している。一方，Aware 条件では，3 歳児，4 歳児ともに，ほとんどの子どもが課題を通過できた。デモンストレーターが自分の誤りに気づくことで，子どもはもはや固執的な誤りを犯さなかった。フィッシャーの正確確率検定の結果，各年齢群において，Unaware 条件の参加児は，Aware 条件の参加児よりも固執的な誤りを産出した。また，Unaware 条件では，3 歳児は 4 歳児よりも固執的な誤りをしやすかった。

この結果は，子どもが単純にデモンストレーターの行動に追随し，実験

者の教示を無視しているわけではないことを示唆している。むしろ，彼らの分類行動は，デモンストレーターに与えられる情報，特に知識状態に関する社会語用論的情報[2]（social pragmatic information）によって影響されることが示唆された。

　しかしながら，実験3-2の結果は，別の解釈もできる。実験者はフィードバックを与えたが，これが条件間で異なった影響を与えたかもしれないのである。Aware条件では，デモンストレーターが間違えた際に，実験者はフィードバックを与えることで，それに同調した。ここでは，子どもはデモンストレーターからだけではなく，実験者からもフィードバックを受けたことになる。しかし，Unaware条件では，実験者はフィードバックを与えたが，デモンストレーターは間違いに気づかなかった。この実験者とデモンストレーターの食い違いにより，参加児が混乱し，成績の低下に繋がったのかもしれない。言い換えると，デモンストレーターからの情報ではなく，実験者のフィードバックが条件間の差を説明してしまう可能性がある。そのため，実験3-3では，実験者はデモンストレーターの間違いについてのフィードバックを与えなかった。この際にも，実験3-2と同じ結果が得られるかどうかを検討した。

実験3-3：実験者のフィードバックは重要か

　実験3-3は，健常な30人の3歳児を対象とした。実験3-2との違いは，観察段階において，デモンストレーターがカードを分類した際に，実験者がフィードバックを与えなかったという点のみであった。

　結果は，実験3-2とほぼ一致するものであった。Unaware条件の参加児は，Aware条件の参加児よりも，有意に固執的な誤りを産出していた。実

---

[2] 社会語用論的情報とは，発話の中に含まれる発話者の意図や信念などに関する情報である。

験者のフィードバックを除外しても、やはり条件間に有意な差が認められた。この結果は、実験者のフィードバックではなく、デモンストレーターによって与えられた情報が、参加児の成績に影響を与えていたことを示唆している。

しかしながら、実験 3-2 および 3-3 の条件間の差は、他の要因によって説明されるかもしれない。これらの実験では、デモンストレーターは教示されたのとは反対のルールでカードを分類した。そのため、子どもは実験者に教示されたのとは異なるルールを使用するゲームだと認識したのかもしれない。Brooks et al. (2003) は、子どもが教示されたのとは異なるルールでカードを分類することができることを示している。Unaware 条件では間違いに気づかないが、Aware 条件では、デモンストレーターは、繰り返し「間違えた」と発言しており、このことにより、「逆ゲーム」の認識が揺るいだのかもしれない。その結果として、この条件の子どもは比較的正しくカードを分類できたのかもしれない。実験 3-4 ではこの可能性を排除することを目的とした。

実験 3-4：幼児は他者の自信に引きずられるか

実験 3-4 では、実験 3-2, 3-3 と異なり、観察段階で、デモンストレーターは教示通りにカードを分類した。自信あり条件 (Confident condition) では、デモンストレーターは、自分の分類に自信を持っている態度を示し、自信なし条件 (Unconfident condition) では、自信を持っていない様子をみせた。もし、デモンストレーターにより発せられる社会語用論的情報が参加児の成績に影響を与えるのであれば、この実験でも条件間に差がみられるであろう。

健常な 3 歳児 40 人、4 歳児 40 人が対象であった。彼らはランダムに 2 つの条件 (自信あり条件・自信なし条件) のうちの 1 つの条件に割り当てら

れ，どの年齢においても，各条件に 20 人が参加した。

　実験 3-4 の手続きは観察段階を除いては，実験 3-1 と同じであった。自信あり条件の観察段階において，実験者はデモンストレーターにルールを告げ，ランダムにカードを選択し，カードを分類するように教示した。デモンストレーターは，教示されたルールでカードを分類した。各試行で，分類後に，実験者はデモンストレーターに，「それで正しい」と尋ねた。デモンストレーターは，自信を持って，「はい」と答えた。各試行について，デモンストレーターはフィードバックを与えられた（「そうですね」）。

　自信なし条件は，デモンストレーターがルールに自信がないことを除いては，自信あり条件と同じであった。実験者が「それで正しい」と尋ねた際に，デモンストレーターは「わかりません」と答えた。各試行について，デモンストレーターはフィードバックを与えられた（「そうですね」）。

　図 3-6 に示した通り，結果は，実験 3-2，3-3 と一致していた。自信あり条件の 3 歳児は，実験 3-2，3-3 の Unaware 条件と同様に，約 80％が固執的な誤りを産出した。一方，自信なし条件では，半数以上の 3 歳児が分類段階を通過することができた。フィッシャーの正確確率検定の結果，自信あり条件の 3 歳児は，自信なし条件の 3 歳児よりも，有意に固執的な誤りを犯したことが示された。このことは，社会語用論的な情報が子どもの固執的な行動に影響を与えるという実験 3-2，3-3 の解釈を支持するものである。しかしながら，4 歳児においてはほとんど条件間に差がみられなかった。両条件とも，70％以上の参加児が課題を通過することができた。条件間に差が出なかった理由は明らかではないが，4 歳児にとってはこの課題が容易すぎたという，天井効果によるかもしれない。

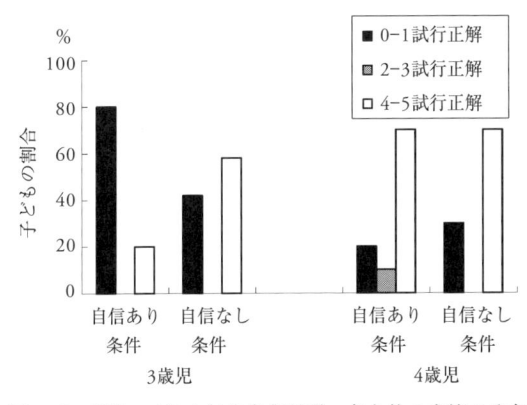

3.4 抑制機能と他者の行動に関する検討

図 3-6 実験 3-4 における各年齢群・各条件の成績の分布

実験 3-5：標準版 DCCS VS 観察版 DCCS

　これまでの 4 つの実験から，子どもが他者の行動に過剰な影響を受けてしまうこと，より自信のある他者の行動に影響されやすいこと，また，5 歳ころまでにそのような傾向が消失することが示された。では，これらの他者からの影響を抑制する過程と，標準の DCCS 課題のように自分で使用したルールを抑制する過程は類似したものであろうか，それとも，全く異なったものであろうか。実験 3-5 では，同一の参加児に標準 DCCS 課題と観察版 DCCS 課題を与え，その課題の成績の相関を調べた。もし，それらの課題間に有意な相関がみられれば，両者の認知過程は，部分的には，類似している可能性が示唆される。

　健常な 3 歳児 20 人，4 歳児 20 人が参加した。標準版 DCCS 課題では，ターゲットとして「緑の車」と「黄色い家」を 1 枚ずつ，テストカードとして，「黄色い車」と「緑の家」を各 3 枚ずつ用いた。観察版 DCCS 課題では，ターゲットとして「青いコップ」と「赤い星」を 1 枚ずつ，テストカードとして，「青い星」と「赤いコップ」を各 3 枚ずつ用いた。

　各参加児は，標準版 DCCS 課題と観察版 DCCS 課題を与えられた。ど

表 3-1　標準版 DCCS および観察版 DCCS における成績の分類

		0-1 試行正解	2-4 試行正解	5-6 試行正解
標準版 DCCS	3 歳児	8 (42%)	1 (5%)	10 (53%)
	4 歳児	3 (15%)	0 (0%)	17 (85%)
観察版 DCCS	3 歳児	9 (47%)	4 (21%)	6 (32%)
	4 歳児	6 (30%)	2 (10%)	12 (60%)

ちらの属性を第 1 段階で使用するかという属性の順序は，参加児内では一貫していたが（例えば，標準版の第 1 段階が色属性なら，観察版の第 1 段階も色属性を使用），参加児間ではカウンターバランスをとった。また，課題の順序（観察版が先か，標準版が先か）も参加児間でカウンターバランスをとった。

　標準版 DCCS 課題の実験手続きは，第 2 章における実験 2 と全く同じであった。また，観察版 DCCS 課題の実験手続きは，第 2 段階の試行数を除いては，実験 3-1 とほとんど同じであった。標準版 DCCS 課題の第 2 段階が 6 試行であることから，観察版 DCCS 課題の第 2 段階において，参加児は 6 試行与えられた。

　次に，結果について述べる。いずれの課題も，実験 3-1 を参考にして，参加児を，0-1 試行正解，2-4 試行正解，5-6 試行正解に分類した。表 3-1 から明らかなように，標準版 DCCS において，ほとんどの 4 歳児が 5-6 試行正解（課題通過）に分類されたのに対して，約半数の 3 歳児が 0-1 試行正解（固執的な誤り）に分類された。観察版 DCCS においても，表 3-1 に示されているように，半数以上の 4 歳児が，6 試行中少なくとも 5 試行において，教示された属性にもとづいてカードを分類することができた。一方，約半数の 3 歳児が，デモンストレーターと同じ属性を用いてカードを分類し続けた。

　これまでの分析から，両課題において，ほとんどの参加児が課題通過（つまり，5-6 試行正解）か，固執的な誤り（つまり，0-1 試行正解）に分類さ

れることが明らかとなった。そこで、両課題における参加児の成績の分布に相関がみられるかどうかを検討した結果、両課題間に有意な相関がみられた。

次に、いずれの課題が参加児にとって困難であったかを検討した。その結果、観察版 DCCS 課題は、標準版 DCCS 課題よりも難しいことが示された。興味深いことに、この傾向は 4 歳児に顕著であり、3 歳児にはみられなかった。

3 歳児、4 歳児ともに、標準 DCCS 課題で固執的な誤りを産出した子どもは、観察版 DCCS 課題でも同様の誤りを産出した。また、一方の課題を通過する子どもは、もう一方の課題を通過することができた。この結果は、少なくとも部分的には、両者の認知過程が類似している可能性を示している。1 つの属性を抑制し、もう 1 つの属性で分類するという意味では両者は類似している。しかしながら、特に 4 歳児において、観察版 DCCS 課題の成績は、標準版 DCCS 課題よりも悪かった。この結果の解釈は難しいが、2 つの課題は共通した要素を持っていると同時に、異なった要素も持っているということであろう。観察版 DCCS には、実験 3-4 などから明らかなように、他者の行動や心に対する認知が必要であるのに対して、標準版 DCCS は純粋にルールを抑制する過程しか含まれていない。この違いが 4 歳児における課題間の成績の違いを説明しうるかもしれない。実験 3-5 から、少なくとも部分的には、他者からの影響を抑制する過程と、標準の DCCS 課題のように自分で使用したルールを抑制する過程は類似したものであることが示唆された。

3.5 抑制機能とメディアに関する検討

子どもはどのような他者の行動にも過剰に影響を受けてしまうのだろうか。これまでは、子どもの目の前にいる他者、つまり、ライブの他者の影

響をみてきた。しかし，現代人の生活は，テレビをはじめ，ビデオやテレビゲーム，携帯電話やインターネットなどを含む様々なメディアなしでは成立しない。そのようなメディアは，子どもたちを取り巻く環境の中にも当然存在する。メディアに囲まれて育った子どもたちはデジタルネイティブともいわれ，メディアは社会的環境の重要な側面を担っているといえよう。3.5節では，メディアの中の他者を刺激として用いたときにも3.4節と同様の影響がみられるかを検討した。

よく知られていることだが，テレビやビデオは，子どもの日常生活において重要な役割を担っている。多くの乳幼児がテレビやビデオと長い時間にわたって接し (Huston, Wright, Marquis, & Green, 1999: Jordan & Woodward, 2001)，語彙や概念をテレビから効率よく学習することができる (Rice, Huston, Truglio, & Wright, 1990; Wright et al., 2001)。実験的な研究によると，子どもは，テレビやビデオに対する理解を3歳ころまでに急速に発達させるという。ほとんどの2.5歳児は，実世界における探索行動をする際に，テレビに含まれた情報を利用することができる (Troseth & DeLoache, 1998)。また，2歳児や2.5歳児はテレビの中の他者の行動を模倣することに困難を示すが，3歳ころまでに，ライブの他者と同様にテレビの他者の行動を模倣することができるようになる[3] (Hayne, Herbert, & Simcock, 2003; McCall, Parke, & Kavanaugh, 1977)。

これらの研究は，子どもがテレビ上の他者からも，ライブの他者からも同様に情報を取得することが可能であることを示唆している。これらの研究から，筆者は，年少の子どもはライブの他者と同様にテレビの他者にも過剰に影響を受けてしまうという仮説を立てた。また，5歳ころまでにそのような傾向を抑制できるようになるという仮説も立てた。実験3-6では，観察版DCCS課題を修正して，3，4，5歳児に与えた。この実験で

---

[3] 3歳前にみられる，ビデオやテレビからの情報取得の困難さを，"video deficit"と呼ぶ (Anderson & Pempek, 2005)。

は，参加児は，ビデオの中の他者が2つの属性のうち1つの属性でカードを分類する様子を観察した。その後，観察したものとは異なる属性でカードを分類するように教示された。

実験 3-6：幼児はテレビの中の他者にも引きずられるか

健常な3歳児20人，4歳児20人，5歳児20人を対象にした。ターゲットとして「赤い星」と「青いコップ」を1枚ずつ，テストカードとして，「青い星」と「赤いコップ」を各3枚ずつ用いた。ビデオは，ノートパソコンで提示された。この実験には，ウォームアップ段階・観察段階・分類段階の3つの段階があった。ウォームアップ段階では，参加児は「赤い星」，「青いコップ」，「赤いコップ」および「青い星」の4枚のカードを提示され，それぞれの形と名前について尋ねられた。それから，画面上に提示されている同じカードを見せられ，参加児の目の前にあるカードと，画面上のカードをマッチングするように教示された。この操作は，画面上のカードと，実際のカードとの対応を参加児が認識できているかどうかを調べるために行われた。もし参加児がマッチングできなければ，再度教示を行い，マッチングをする機会を与えられた。もう1度失敗した場合は，分析から除外された。

観察段階では，参加児はビデオを注視するように教示された。ビデオ上には成人のモデル[4]がおり，参加児用のものと同じトレイが置かれてあった。それから，参加児はモデルについて説明され，そのモデルがカードをトレイに分類することを告げられた（「今からこのお姉ちゃんがカードを分けるよ。しっかり見ててね。」）。モデルは1つの属性に従ってカードを分類した。観察の間，ルールに関する言及はなかった。参加児は，ビデオを注意深く

---
[4] これまでは，「デモンストレーター」と表現していたが，区別のためにビデオ上に存在している他者は「モデル」と表現する。

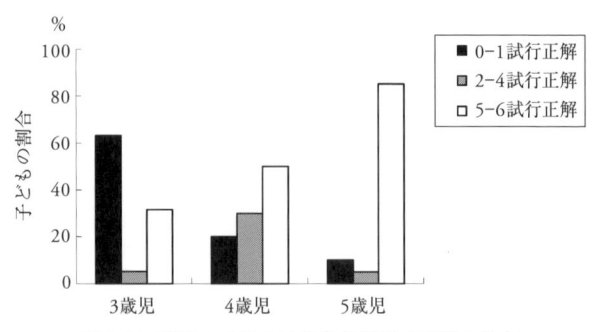

図3-7　実験3-6における各年齢群の成績の分布

見るように繰り返し教示された。ビデオ上では，モデルは4回カードを分類した[5]。

分類段階では，実験者は再びトレイとテストカードを提示した。その後，参加児は新しいゲームをすることを教示された（「今度は参加児の名前ちゃんの番だよ。このゲームは，さっきのお姉ちゃんのゲームとは違うよ。」）。参加児は2つ目の属性でカードを分類するように教示された。例えば，もしモデルがカードを形属性で分類していたら，参加児は色属性で分類するように教示された。参加児は6試行与えられた。カードを正しく分類できたかどうかというフィードバックは与えられなかった。

次に，結果について述べる。ウォームアップ段階を通過できなかったため，3歳児1人が分析から除外された。本実験では参加児を，0-1試行正解・2-4試行正解・5-6試行正解に分類した（図3-7参照）。次に，参加児の成績の分布（0-1試行正解・2-4試行正解・5-6試行正解）に，年齢に伴った変化がみられるかどうかを検討した。半数以上の3歳児が固執的な誤りを産出したのに対して，ほとんどの4，5歳児は課題を通過することがで

---

[5] モデルは，4試行中，2試行は「青い星」，2試行は「赤いコップ」を分類した。試行の順序は，「青い星」，「赤いコップ」，「青い星」，「赤いコップ」もしくはその逆であった。

きた。カイ二乗検定を行った結果，年少の参加児は，年長の参加児よりも有意に固執的な誤りを産出する傾向にあった。下位検定の結果，3歳児と4歳児，3歳児と5歳児，および4歳児と5歳児の間に有意な差が認められた。これらの結果は，子どもは，ライブの他者と同様に，テレビの中の他者の行動にも過剰に影響を受けてしまうことを示している。

では，ライブの他者とテレビの他者が子どもに与える影響は同じであろうか。実験 3-7 ではその可能性について検討した。

実験 3-7：ライブ VS テレビ

実験 3-7 では，3歳児を対象に，ライブの他者とテレビの他者の影響が異なるかどうかを検討した。先行研究から，36ヶ月ころまでに子どもは，ライブと同様に，テレビから情報を取得することが可能であることが示されているため (Hayne et al., 2003)，両者の影響はほとんど変わらないという仮説を立てた。実験 3-7 ではこの仮説を検証した。

健常な 21 人の 3 歳児を対象とした。各参加児は，ビデオ条件とライブ条件に参加した。ビデオ・ライブ両条件でウォームアップ段階に通過できなかった参加児 2 人が分析から除外された。条件間で成績の分布に違いがあるかどうかを順位検定で検討した結果，両条件の分布に違いは認められなかった。また，両条件の成績の分布に相関がみられるかどうかを検討したところ，有意な相関が認められた。

実験 3-6 の結果が追試された。約半数の 3 歳児は，ビデオ上のモデルのカード分類を観察した後には，教示された属性でカードを分類することができなかった。さらに，ビデオのモデルの影響と，ライブのデモンストレーターの影響はほとんど変わらなかった。この結果は，子どもはライブの他者と同様に，テレビの他者にも強く影響を受けてしまうことを示唆している。

3.6 抑制機能と他者

　本章では，子どもにみられる過剰な模倣行動や，脳損傷患者にみられる模倣行動をもとにして，1つの仮説を立てた。それは，年少の子どもにとって他者の行動・思考は顕著なものであり，抑制機能が発達していない子どもはその行動に強く影響を受けてしまう。5歳ころまでにそのような傾向を抑制できるようになるというものである。以下，これまで得られている知見と筆者の実験の結果を考慮し，その仮説の妥当性を検討する。

知見の整理

　比較認知科学的な研究から，幼児はたとえ他者の行動が非効率なときですら，その行動をそのまま模倣することが示されている（Horner & Whiten, 2005; Nagell et al., 1993）。しかし，これらは抑制機能が発達していない3歳ころまでの報告がほとんどである。Diamond and Taylor（1996）や Hughes（1998）は，3歳児が他者の行動を模倣する傾向を抑制できないが，4歳までに成績が向上することを示した。しかし，これらの課題は抑制機能とワーキングメモリの両方が必要であり，抑制機能の発達がそれらの模倣傾向の減少に繋がったかが不明であった。

　本章では，主に抑制機能が必要とされるカード分類課題において，子どもが他者の行動に影響を受けるかどうかを検討した。その結果，3歳児は，他者の使用したルールに影響を受けてカードを分類してしまうこと，自信のある他者により強く影響を受けることが示された。一方，5歳ころまでにそのような傾向がみられなくなることが示された。また，その抑制過程は，自分が使用したルールを抑制する過程と一部は類似している可能性も示された。

　また，子どもはテレビの中の他者の行動にも過剰に影響を受けてしまうのか，そのような傾向を抑制できるようになるのはいつ頃かについても検

討した。その結果，子どもは，ライブの他者と同様，テレビの他者の行動に影響を受けてカードを分類したこと，そのような傾向が5歳くらいまでに消失することが示された。ライブであれ，テレビであれ，他者という社会的刺激に子どもが強い感受性を持っていることが示された。

抑制機能と他者の行動

なぜ子どもは他者の行動に過剰に影響を受けてしまい，結果として固執的・脱抑制的な行動を産出するのであろうか。その機序を以下に説明する。

まず，先行研究で示されている模倣行動の説明は容易である。これらの研究はいずれも，他者の行動を観察することによって，自身の模倣傾向が誘発されるのであろう。3.1節で述べた通り，生後2年間にわたり子どもは模倣能力を発達させるのであるから，そのような傾向を持つことには疑いがない。その模倣傾向は，子どもにとって極めて優位な反応であり，別の行動を選択するべきときにも，その行動を選択してしまうのではないだろうか。事実，他者の行動を模倣する傾向は子どもにとって優位な反応になりやすいということが示唆されている (Simpson & Riggs, 2007)。抑制機能が発達することにより，このような傾向が消失していくのであろう。このような説明は，前頭葉損傷患者に与えられたものと一致している (Tanaka et al., 2000)。

本章の実験における子どもの固執的な行動も，このような説明を与えることは可能であろう。ルールを真似する傾向を抑制できないといえるかもしれない。しかしながら，もう1つの説明も可能であろう。それは，より表象レベルからの説明である。その説明は，他者によって提示されたルールという，一種の表象が子どもの思考の中で優位になり，その後の彼らの行動に与えたのではないか，というものである。Munakataとその共同研究者 (Munakata, 2001; Munakata & Yeris, 2001) の言葉を借りれば，他者によっ

て提示された表象は強く，その表象に影響を受けたといえるかもしれない。この実験でみられた様子は，母親にある物体を指差されるとその物体への注意が持続しやすいという Itakura（2001）の結果とも一致している。これらの研究は，模倣であろうとなかろうと，他者の行動は子どもにとって顕著であり，他者の行動を観察することで子どもは優位な行動・思考を形成してしまうことを示しているといえよう。そして，5歳児は，形成した優位な行動・思考を抑制できるのであろう。このように，他者の行動を観察することで子どもが形成した優位な行動や思考を others-proposed な行動・思考と呼ぶ。一方，子ども自身の中から内発的に生じる行動・思考を，self-generated な行動・思考と呼ぶことにする。例えば，標準の DCCS 課題において，子ども自身がルールを使用することによって，そのルールおよびルール使用が優位になったことを指す。others-proposed な行動と self-generated な行動を抑制する過程がどの程度類似しているかは明らかではないが，実験 3-5 から，少なくとも部分的には，共通した過程を持つと考えられる。以上の説明をモデル化したのが，図 3-8 である。

　他者の行動とは，われわれが考える以上に，子どもにとって顕著なものかもしれない。実験 3-6 や実験 3-7 において，その場にいる他者に加えて，テレビの中の他者ですら子どもに強い影響を与えることが示された。テレビの中の他者は，ライブの他者と違って，子どもとは直接コミュニケーションをとることができない。加えて，その他者は，子どもが全く知らない他者であった。それにも関わらず，他者の行動を観察することで子どもは脱抑制的な行動を産出してしまった。どのように提示されても，他者は子どもにとっては参照すべき対象なのであろう。

決定的な問題点

　本章の実験結果から，抑制機能が他者からの影響を防ぐために機能している可能性が示唆された。では，これらの研究から抑制機能の発達的意義

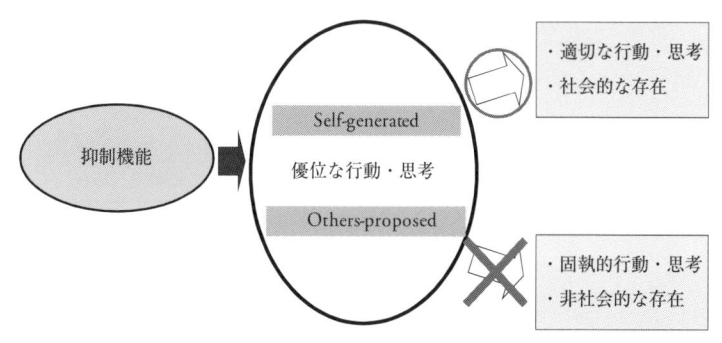

図 3-8 社会的世界における抑制機能のモデル

についてどのような主張が可能であろうか。そのような議論をする前に，本章の研究の決定的な欠陥について触れなければならない。本書はあくまで社会的世界における抑制機能の役割を議論しているが，ここまでの研究だと，必ずしも「社会的世界」での意義を持ち出す必要はないのかもしれない。つまり，子どもが他者の行動という社会的な刺激だから強く影響を受けたのか，それとも，社会的な刺激に関わらずどのような刺激であっても子どもが影響を受けてしまうのかは，本章の研究では明らかではないのである。そもそも，Day/Night 課題 (Gerstadt et al., 1994) のように物理的な刺激が子どもの優位な反応を引き起こすこともある。また，先述の通り，脳損傷患者は，他者の行動などの社会的刺激のみならず，様々な物理的な刺激にも過剰に反応することが知られている。子どもがどのような刺激にどのように反応し，また，どのように抑制するのかを明確に区別する必要があるであろう。このことは，第 4 章で詳細に検討する。

　いずれにしても，本章では，少なくとも，子どもが他者の行動に強い影響を受けること，抑制機能が発達することでそのような傾向が消失する可能性が示唆された。続く第 4 章において，この主張の妥当性をさらに検討していきたい。

第4章

抑制機能と物理的刺激

　第3章では，子どもは他者の行動に強い影響を受けるが，抑制機能を発達させることでそのような傾向が消失するという主張を展開してきた。この基底には，他者の行動が子どもの行動・思考を誘発するという過程が存在すると考えられる。しかしながら，これは，他者の行動に特異的な過程なのであろうか。本章では，他者の行動という社会的刺激と，物理的な刺激の影響の違いについて検討していきたい。特に，ロボットやアンドロイドなどが，子どもの行動にどのような影響を及ぼすかについて検討する。

4.1　刺激の種類

　ここでは，子どもが観察し，子どもに反応を引き起こしうる刺激の種類を明確に区別したい。序章で紹介した，SASモデル (Norman & Shallice, 1986) をもとに考えてみる。まず，刺激が観察者に直接的にスキーマを引き起こすかという問題がある。例えば，第1章で紹介したDay/Night課題 (Gerstadt et al., 1994) では，刺激を観察することで，優位な反応が誘発され

る。そして，抑制機能（SASモデルではSAS）が発達していないと，その反応がそのまま産出される。これは，日々の生活の中で，「太陽＝昼」，「月＝夜」という連合が形成されているためである（日本人の場合はあてはまらない可能性もあるが）。これは，SASモデルにおける，知覚的入力がスキーマを誘発するという構図と同じである。しかし，本書で繰り返し紹介しているDCCS課題（Zelazo et al., 1996）はどうであろうか。色と形という属性を含む課題の場合，子どもによっては最初から優位な反応を持っている場合もある。例えば，色でしか分類できない子どももいる。しかし，それは例外に過ぎず，ほとんどの子どもにとって，第1段階でカードを分類するまでは，刺激の色属性も形属性も特定のスキーマを誘発しない。それぞれの属性は中立であるといえる。これは，子ども自身が特定の連合を持っていないためである。この課題では，どちらか一方の属性を使用することで，その属性が優位になるのである。本章では子どもが，自分自身の過去の経験にもとづいて，ある刺激に特定の連合（経験）を持っているものを馴染みのある（faimiliar）刺激，特定の連合（経験）を持たないものを新奇な（novel）刺激とする。前者にはStroop課題やDCCS課題の第2段階，後者にはDCCS課題の第1段階が含まれる。

　この区別に加えて，本章では，刺激が社会的か物理的かという区別に着目する。Stroop課題や，標準のDCCS課題は物理的な刺激であるといえよう。一方，ある刺激に他者が関わると，社会的刺激である。第3章では，DCCS課題に他者が関わる（観察版DCCS課題）ことによって，社会的な刺激となった。その結果，観察した子どものスキーマが誘発された。Stroop課題の場合とは異なり，この課題では単純な反応が誘発されたというよりは，行動や思考が誘発されたといえるかもしれない。

　ここで重要なのは，観察版DCCSでは，子ども自身が特定の属性にもとづく分類をしたことがないにも関わらず，スキーマが誘発された点である。つまり，他者が関わった場合は，子どもが他者の行動を観察しただけ

表 4-1　抑制機能課題における刺激の種類

	物理的 / 社会的	スキーマが惹起されるか否か	課題	新奇性
1	物理的	惹起される	Stroop	新奇でない
2	物理的	惹起される	標準的 DCCS 第 2 段階	新奇でない
3	物理的	惹起されない	標準的 DCCS 第 1 段階	新奇
4	物理的	?	ロボットを用いた観察版 DCCS	新奇
5	社会的	惹起される	ヒトを用いた観察版 DCCS	新奇

Note. 新奇性とは，子どもが課題で用いられれた刺激に馴染みがあるか否かについてである。

であり，自分が取り組んだことのない新奇な刺激であってもスキーマを誘発しうることが示唆される。これは，Stroop 課題で過去の経験によってスキーマが誘発されたのとは対照的である。物理的な刺激は，Stroop 課題のように日常的に経験したり，標準版 DCCS 課題の第 2 段階のように過去に子ども自身が取り組んだりしたことのある馴染みのあるものでないとスキーマを誘発しないのではないか。

　ここでの問題は，観察版 DCCS 課題において，他者の代わりに物理的な方法を用いたときに，子どもの優位な行動・思考が誘発されるかどうかという点である。言い換えると，本章の目的は，新奇な刺激では，他者が関わった場合のみが特定のスキーマを誘発するのかを検討することである。これまでの議論を表 4-1 にまとめた。

4.2　社会的刺激に対する感受性

　本章では，子どもは，他者などの社会的刺激に行動や思考を誘発されやすいという仮説を立てた。それは，これまで述べてきた通り，ヒトは社会的な生物であり，社会的世界において発達することによるが，発達心理学

における実証的な研究も，子どもが特に社会的刺激に対して特別な感受性を持っていることを示している。古典的な研究としては，Fantz (1961) は生後まもない乳児が，丸や二重丸などの物理的な刺激よりも，顔らしい刺激などを選好することを報告した。最近でも，Meltzoff (1995) は，18ヶ月児が，ヒトがモデルの場合はその行動を再現するが，機械が同じような動きをしても，再現しないことを示した。Itakura et al. (2008) は，同じパラダイムで，ロボットをモデルとして用いた。その結果，ロボットがモデルの場合も，子どもはあまりその行動を再現しなかった。Woodward (1998) は，6ヶ月の乳児が，ヒトの行動には目標を帰属するが，マジックハンドの動きには帰属しないことを示した。

　これらの研究は，発達早期からヒトは社会的刺激に対する感受性を持ち，物理的な刺激と区別していることを示している。これらの知見を考慮すると，子どもは社会的刺激には特別な感受性があるため，新奇な社会的刺激に行動や思考を誘発されやすく，それらを抑制する必要があるが，新奇な物理的刺激に対してはそれほど行動や思考を惹起されないため，抑制する必要もないのではないか，という仮説が立てられる。

　本章では，上記の仮説を，ロボットを用いることで検証した。先行研究から，ロボットは動きや見た目をヒトに近づけることで，それらの要因を統制できるが，子どもは明らかにヒトとロボットに対して異なった反応をすることが示されているためである (Itakura et al., 2008)。1つの条件では，子どもは，ヒトのモデルが1つの属性にもとづいてカードを分類している様子を観察し，その後，もう1つの属性でカードを分類するように教示された。もう1つの条件では，ロボットがカードを分類する以外は同じであった。

4.3 ロボットは子どもの行動に影響を与えるか

実験 4-1：ヒト VS ロボット

　健常な 60 人の 3 歳児を対象とした。参加児は，ランダムにヒト条件，ロボット条件，ベースライン条件に分類され，各条件 20 人ずつとなった。用いたカード刺激およびノートパソコンは，実験 3-6 と同じであった。また，ロボット条件では，国際電気通信基礎技術研究所（ATR）で誕生したロボビーを用いた（図 4-1 参照）。ロボビーは自律的な動きが可能なロボットで，身長は 1.2 m，直径 50 cm，体重 40 kg であり，ヒトのような目と手を持っていた。

　ヒト条件は，用いたビデオ刺激とウォームアップ段階においてビデオ上のカードと現実のカードのマッチングを省いた[1]以外は，実験 3-6 と全く同じ手続きであった。ロボット条件は，観察段階でヒトではなくロボットがカードを分類した以外は，ヒト条件と同じであった。ベースライン条件は，観察段階を省いた以外は，ヒト条件と同じであった。

　指標は，分類段階で正しく分類した試行数であった。実験 3-6 と同様に，参加児を成績にしたがって 3 つの群に分類した（図 4-2）。図から明らかなように，ヒト条件はこれまでの実験と一致して，半数程度の参加児が 0-1 試行正解（固執的な誤り）に分類された。ところが，ロボット条件では，ほとんどの参加児が，5-6 試行正解（課題通過）に分類された。これは，観察段階が含まれなかったベースライン条件の傾向と同じであった。カイ二乗検定を用いて，参加児の分布が条件間で異なるかどうかを検討した。その結果，条件間の差は有意であった。下位検定を行ったところ，ヒト条件とロボット条件，およびヒト条件とベースライン条件間に有意な差はみられ

---

[1] 実験 3-6 でほとんどの子どもがマッチングできたことから，この実験では除外した。

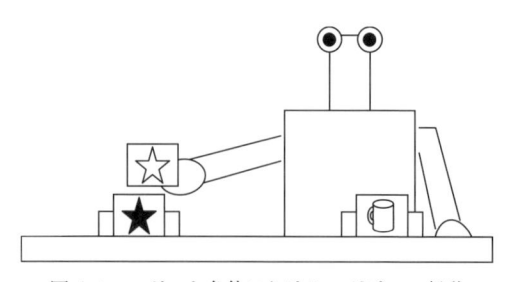

図 4-1　ロボット条件におけるロボビーの行動
(© 2009, Moriguchi, Y. *Developmental Science* © 2009 Blackwell Publishing Ltd.)

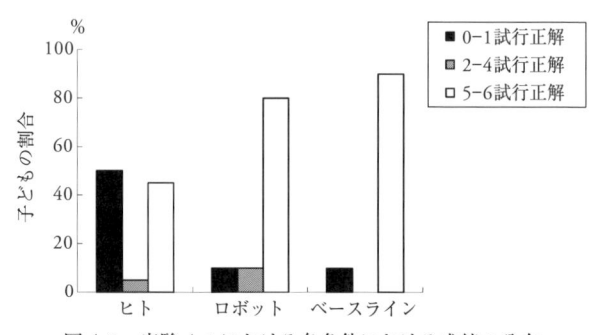

図 4-2　実験 4-1 における各条件における成績の分布

たが，ロボット条件とベースライン条件の間に有意な差はみられなかった。

　ヒトのモデルが 1 つの属性でカードを分類するのを観察すると，年少の参加児はその属性でカードを分類してしまった。やはり，子どもは他者の行動に対して強く影響を受けてしまった。しかしながら，ロボットがカードを分類するのを観察しても，参加児は正しくカードを分類することができた。興味深いことに，何も観察していないベースライン条件とほとんど同じ結果であった。この結果の解釈の 1 つは，筆者の仮説の通り，子どもは社会的な刺激には行動や思考を誘発されやすいが，物理的な刺激であるロボットにはあまり惹起されないというものである。しかしながら，もう 1 つの説明が可能である。ロボット条件がベースライン条件と結果が変わらないのは，ロボットの行動を観察していなかったためかもしれない。つ

まり，ロボットは子どもにとって魅力的であるため，ロボット自体に気を取られてしまい，ロボットの行動を注視していなかったのではないだろうか。この解釈を棄却するため，実験 4-2 を行った。この実験では，実験 4-1 と同様に，子どもはロボットのカード分類を観察した。その後に，子どもはロボットと同じようにカードを分類するように教示された。もし，子どもが，ロボットが用いたのと同じ属性でカードを分類できたら，子どもはロボットの行動を注視していないという仮説は棄却されるであろう。

実験 4-2：ロボットの行動を注視しているか

　健常な 18 人の 3 歳児を対象とした。刺激は実験 4-1 のロボット条件と全く同じであった。実験 4-2 は，分類段階において参加児にロボットと同じ属性を使用してカードを分類するように教示した以外は，実験 4-1 のロボット条件と全く同じであった。重要な点は，この実験では，参加児に対して明示的にルールを与えていない。そうではなく，彼らはロボットの行動を真似するようにだけ教示された（「ロボットさんと同じようにカードを分けて」）。

　参加児 1 人がビデオを注視しなかったため分析から除外された。残りの参加児は，ほとんど完璧にロボットの行動を真似することができた。これらの参加児は，平均して，6 試行中 5.6 試行においてロボットと同じ属性でカードを分類することができた。この数字は，偶然に分類したときに予測される 3 試行よりも有意に高かった。

　この結果は，参加児がロボットの行動を注視していることを示している。彼らは，ロボットの行動を注視しているが，その行動には影響を受けないのであろう。この結果は，実験 4-1 で子どもがロボットの行動を注視していないためにロボットの行動に影響を受けなかったという解釈を棄却した。

これまでの実験で，他者の行動は子どもに行動や思考を惹起しやすいが，ロボットの行動は誘発しないという可能性が示された。これは，とりもなおさず，新奇な物理的刺激は子どもの行動を誘発しないということを示唆している。相貌や動きが比較的近いロボットの行動を観察しても子どもが影響を受けないということから，単純な物理的刺激ではなおさら誘発しないことは明らかであろう。

　では，ヒト以外の行為者の場合でも何らかの操作を加えれば，子どもの行動や思考に影響を与えうるのであろうか。これに関して，興味深い知見がある。Slaughter and Corbett (2007) によると，ヒトと機械の違いは，相互作用できる可能性を持つかどうかであるという。この示唆を支持する証拠として，Arita, Hiraki, Kanda, and Ishiguro (2005) によれば，10ヶ月の乳児は，ヒトとコミュニケーションをとるロボットをヒトと同じようにみなしたが，ヒトが話しかけても応答しないロボットはほうきと同じだとみなした。Itakura et al. (2008) も，幼児が，ヒトと視線を合わせたりするインタラクティブなロボットの行動は模倣するが，そうではないロボットの行動は模倣しないことを示した。

　これらの知見を考慮し，実験4-3では，インタラクティブなロボットの行動が子どもの行動や思考を誘発し，その結果として子どもがロボットと同じ行動を産出するかを検討した。

実験4-3：ロボットの「視線」は重要か

　健常な35人の3歳児を対象とした。35人中15人がロボット視線なし (robot without gaze) 条件，20人がロボット視線あり (robot with gaze) 条件に参加した。使用したノートパソコンおよびロボットは実験4-1と同じであった。カード刺激は，ロボット視線なし条件，ロボット視線あり条件ともに，ターゲットとして「緑の車」と「黄色い家」を1枚ずつ，テストカー

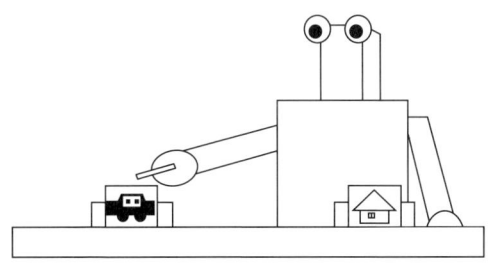

図 4-3 ロボット視線あり条件でのロボビーの行動

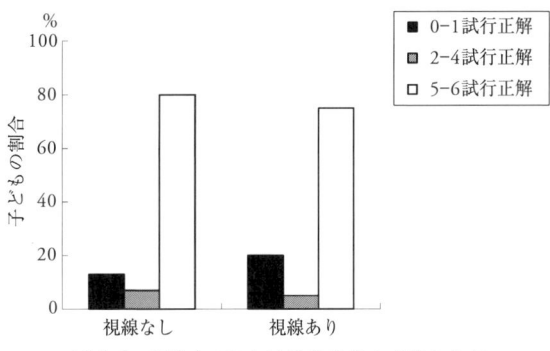

図 4-4 実験 4-3 における各条件の成績の分布

ドとして「黄色い車」と「緑の家」を 3 枚ずつ用いた。

　ロボット視線なし条件の実験手続きは，実験 4-1 のロボット条件と全く同じであった。ロボット視線あり条件の手続きは，観察段階においてロボットの視線が動く以外は，ロボット視線なし条件と同じであった。ビデオの中では，実験補助者がロボットにカードを手渡すが，その際にロボットは実験補助者の顔を見るなど，インタラクティブな動きをした（図 4-3）。

　結果は，図 4-4 の通りである。実験 4-1 のロボット条件と同様に，いずれの条件でも子どもは正しくカードを分類することができた。カイ二乗検定の結果，条件間に分布の違いはみられなかった。先行研究（Itakura et al., 2008）とは異なり，ロボットをインタラクティブにしても子どもに与える影響は変わらなかった。これは，インタラクティブな行為者の行動も，子どもの行動や思考を誘発しないことを意味している。もっとも，この実験の結果は，ロボットに視線方向を加えただけであったため，子どもにとってインタラクティブな行為者とみなされなかっただけかもしれない。Arita et al. (2005) のように，ヒトとの相互作用をみせた際には，異なった結果が得られるかもしれない。

実験 4-4：ヒト VS アンドロイド

　ロボットとヒトの違いは，社会語用論的な情報を持つかという点のほかには，相貌と動きであると考えられる。これは，乳児が心をどの行為者に帰属するかという議論で，相貌と動きが重要であるとする主張に類似している（開・旦・有田，2006）。事実，幼児は機械の動きをみてもその行動を模倣しないが，相貌と動きが比較的ヒトに近いオランウータンのような物体の動きは模倣するようである（Johnson, Booth, & O'Hearn, 2001）。実験 4-4 では，外見がヒトと全く同じだが，動きがややぎこちないアンドロイドを用いて，少なくとも外見がヒトと同じ行為者の行動が，子どもの行動や思考に影響を与えるかを検討した。

　健常な 75 人の 3，4 歳児が実験に参加した。ランダムにヒト条件とアンドロイド条件に割り当てられた。用いたカード刺激およびノートパソコンは，実験 3-6 と同じであった。また，アンドロイド条件では，大阪大学石黒浩研究室で誕生した Repliee Q2 を用いた（図 4-5 参照）。Repliee Q2 は表情をつくったり指を動かしたりすることが可能で，その肌はシリコンで作られ，ヒトの肌と酷似している（Repliee Q2 の詳細は Minato, Shimada, Itakura, Lee, & Ishiguro, 2005）。

　ヒト条件の実験手続きは，実験 3-6 と全く同じであった。アンドロイ

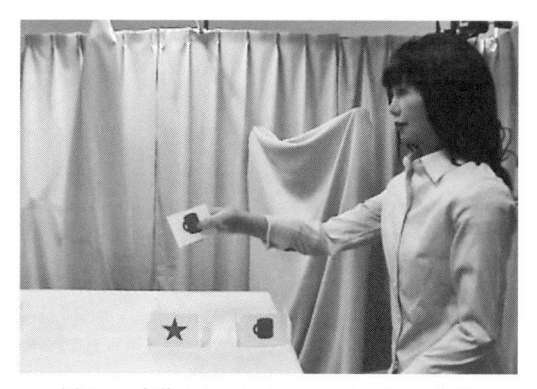

図4-5 実験4-4におけるアンドロイドの行動
(Moriguchi et al., 2010; © 2010, Elsevier の許可により *Journal of Experimental Child Psychology, Vol.107* から転載。)

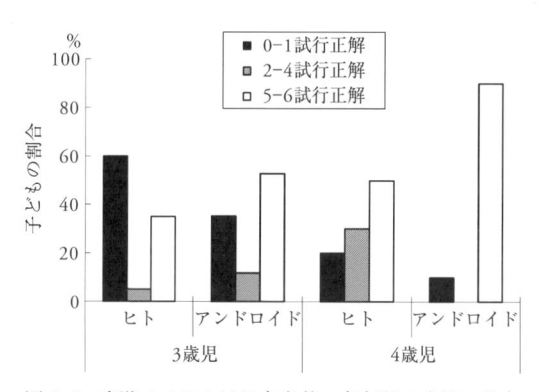

図4-6 実験4-4における各条件・各年齢の成績の分布

ド条件では，観察段階においてアンドロイドがカードを分類した以外は，ヒト条件と全く同じであった。カードを分類する速さや，カードを分類する前に画面前方を見るなどの行動的な側面は全て統制した。

　実験3-6と同様に，参加児を正答試行数にしたがって3つの群に分類した（図4-6）。これまでのロボットを用いた実験と異なり，アンドロイド条件の3割程度の3歳児が，0-1試行正解（固執的な行動）に分類された。一方，4歳児はほとんどが5-6試行正解に分類された。カイ二乗検定を用

いて条件間で参加児の分布が異なるかを検討した結果，条件間で成績の分布が有意に異なることが示された。下位検定の結果，3歳児では条件間の差はみられないが，4歳児では条件間に有意な差がみられた。

この結果はどのように解釈できるであろうか。条件間に有意な差がみられたということは，やはり，子どもはアンドロイドの行動にはヒトほどの影響を受けないということになるであろう。しかしながら，3歳児においては30％程度がアンドロイドの行動を観察した後に固執的な行動を産出した。ビデオ上の刺激のサイズ等が異なるためロボット条件との直接比較は難しいが，数字上では，子どもはロボットよりもアンドロイドの行動に影響を受けたことが示された。この実験では内観報告を取っておらず，また，3歳児の言語能力の未熟さから内観は信用できないため，彼らがアンドロイドをどのようにみなしていたかは定かではない。彼らは，アンドロイドを「ヒト」とみなしていたかもしれないし，「ヒトではない参照すべき行為者」とみなしていたかもしれない。

4歳児において条件間に差がみられたのは，おそらく，彼らはアンドロイドの動きがぎこちないことに気づき，ヒトでないことに気づいたのではないだろうか。ヒトではないこと，参照すべき他者ではないことに気づき，ロボットなどと同じようにみなされたのではないだろうか。

これらをまとめると，ヒト条件とアンドロイド条件に差が出たことから，モデルのヒトらしい動きが重要な要因であることが示唆された。また，ヒト以外の行為者の行動を見ても，幼児は脱抑制的な行動を産出することが示された。

実験4-5：幼児は幾何学図形の「行動」にも影響を受けるか

実験4-4より，ヒト以外の行為者の行動も，子どもの行動や思考を誘発しうる可能性が示された。1つの可能性として，モデルの動きが重要で

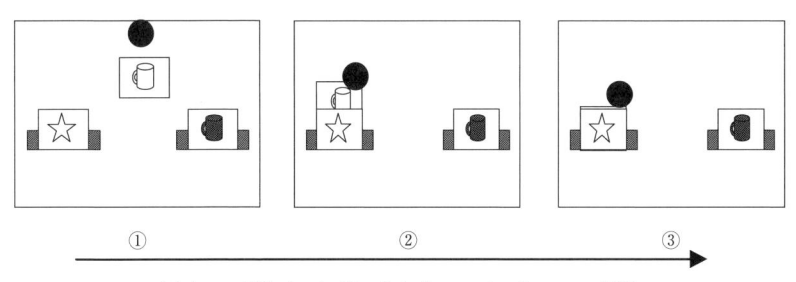

図 4-7　実験 4-5 に用いられたアニメーションの刺激

ある可能性が示された。実験 4-5 ではこの点をさらに検討した。

　子どもは，ロボットや機械などの動きにはヒトらしさや意図を帰属させにくいが (Itakura et al., 2008; Meltzoff, 1995)，幾何学図形 (geometric shape) の動きには帰属させやすいことが示されている (Gergely et al., 1995)。実験 4-5 ではこの知見を考慮して，幾何学図形の「行動」が子どもに影響を与えるかどうかを検討した。

　健常な 60 人の保育園児を対象とした。内訳は，3 歳児 20 人，4 歳児 20 人，5 歳児 20 人であった。用いたカード刺激およびノートパソコンは，実験 3-6 と同じであった。本実験の刺激は，Macromedia Flash MX 2004 を使用して作成したアニメーションの刺激であった (図 4-7 参照)。このアニメーションでは，行為者である幾何学図形がカードを分類した。実験手続きは，観察段階を除いては，実験 4-1 のロボット条件と同じであった。観察段階においては，参加児は幾何学図形が 1 つの属性でカードを 4 試行分類する様子を観察した。分類の順序は，「青い星」「赤いコップ」「青い星」「赤いコップ」もしくはその逆であった。

　次に，結果について述べる。5 歳児 1 人がアニメーションを注視しなかったため分析から除外された。実験 4-1 と同様に，参加児を正答試行数にしたがって 3 つの群に分類した (図 4-8)。図から明らかなように，3 歳児の 30％程度が幾何学図形のカード分類を観察した後に，固執的な行動を

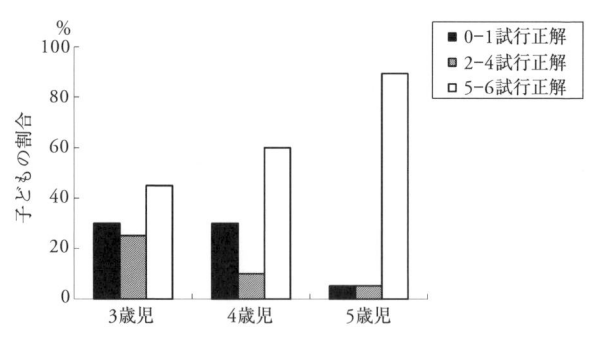

図 4-8　実験 4-5 における各年齢群の参加児の分布

産出した。また，5歳ころまでにこのような傾向は消失した。カイ二乗検定の結果，参加児の成績の分布は年齢で有意に異なった。下位検定の結果，3歳児と5歳児の分布が有意に異なった。3歳児と4歳児，および4歳児と5歳児の間に有意な差は認められなかった。

　この実験の結果，3,4歳児は，幾何学図形のカード分類を観察した後は，その行動にある程度の影響を受けること，5歳児はほとんど影響を受けないことが示された。この結果は，幾何学図形が，ヒトとロボットの間に位置づけられる可能性を示している。この結果は，一見直観に反するように思える。ロボットのほうが，幾何学図形よりもヒトに近い行為者のように考えられるためである。

　先行研究より，子どもが幾何学図形に目標や意図などの心的状態を帰属しやすいことが示されている (Gergerly et al., 1995)。このことと，実験 4-4 の結果を考慮すると，実験 4-5 の結果は，子どもが対象の動きにヒトらしさや生物らしさを感じた場合に，その行動に影響を受けやすいという可能性を示している。詳細は次節で述べる。

4.4 社会的世界における抑制機能の役割（2）

　本章では，子どもが抑制機能を発達させることで他者の行動の影響を受けにくくなるという第3章の主張の妥当性を検討してきた。以下，第3章，第4章で得られた知見を併せて，総合的な検討を行う。

知見の整理

　第3章では，年少の子どもは他者の行動に影響を受けやすいことが示された。これは，他者の行動が子どもの行動や思考を誘発しているためだと思われる。本章では，実験4-1，4-2，および4-3から，ヒトはロボットの行動にはほとんど影響を受けないことが示された。この結果は，新奇かつ中立の物理的な刺激は年少の子どもの行動や思考を誘発しないことを示唆している。実験4-4，4-5から，アンドロイドや幾何学図形などの，生物らしい特徴を持つ対象は，子どもの行動や思考を，他者ほどではないものの，誘発することが示唆された。それぞれの行為者が子どもに与える影響を図4-9に示した。これは縦軸に固執的な誤りに分類された子どもの割合をとっている。つまり，観察対象がどの程度子どもの行動や思考を誘発したかを表している。

　一目でわかるように，他者の行動は子どもの行動や思考に影響を与えやすい。3歳児の7割程度が，他者の行動を観察した後に，その行動と同じ行動を産出している。一方，アンドロイドや幾何学図形は，3割程度の3歳児にしか影響を与えていない。ロボットにいたっては，何も観察していないベースラインとほとんど変わらない。

　特に着目すべきは，ロボットよりも，幾何学図形の動きに子どもの行動が影響を受けた点である。この結果の説明は容易ではないが，1つの説明は以下のものである。ヒトは単純な幾何学図形の場合，通常それが動いたりすることを予測しないが，それが動くと驚き，親近感を抱くため，それ

第4章　抑制機能と物理的刺激

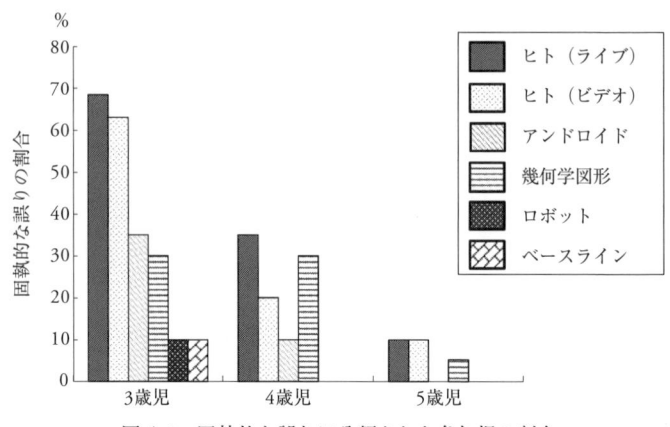

図4-9　固執的な誤りに分類された参加児の割合

にヒトらしさなどの性質を帰属しやすい。一方，ロボットなど比較的ヒトに似ている行為者の場合，それが動くことは予測しやすいため，それがいざ動いてもあまりヒトらしさなどを帰属させにくいのではないか。つまり，子どもが対象に対して抱く期待と実際の観察される動きとの間の差がこの違いを説明するかもしれない。アンドロイドの場合は，その相貌がヒトとほぼ同じであることから，ヒトらしい動きを予測するものの，実際のアンドロイドの動きがややぎこちなく，その予測が裏切られ，ヒトらしさを帰属しにくいのかもしれない。

　また，いずれの条件においても，5歳児はほとんど固執的な行動を産出していない。観察することによって誘発された行動や思考は，5歳ころまでに抑制することが可能になるのだろう。

社会的感染

　これらの結果を受けると，他者以外の行為者の行動は子どもの行動や思考を惹起しうると結論付ける向きもあるかもしれない。たしかに，アンドロイドや幾何学図形は30％程度の子どもに影響を与えており，ロボット

に比べるとその影響は大きいと思われる。しかしながら，今回はロボットと，アンドロイドや幾何学図形の影響を統計的に比較していないため，どの程度影響が異なるのかは不明である。また，ヒトと比べた際に，アンドロイドや幾何学図形の影響は著しく小さい。これらの結果から現在いえることは，子どもが影響を受けるのは他者の行動であり，子どもが発達とともに抑制すべきものも他者という意味での others-proposed な行動である，ということ，また，新奇な物理的な刺激にはほとんど影響を受けない，ということのみである。その他の行為者の影響を否定するものではないが，未だ知見が不足しているために，今後の研究の進展が待たれる。

　本書では，年少の子どもが他者の行動を過剰に模倣したり，他者の行動に過剰に影響を受けたりすることを含めて，「社会的感染」と呼ぶ。

社会的刺激と物理的刺激

　4.1 節の刺激の種類の議論に戻ろう。本章における議論および実験結果から，子どもが抑制すべき対象は，大きく2つである。1つは，物理的な刺激が子どもの持つ特定のスキーマを誘発し，その行動が優位となる場合である。Stroop 課題や標準 DCCS 課題の第2段階などがこれにあたる。これは，子どもにとって馴染みのある刺激の場合にみられる。もう1つは，社会的刺激である。子どもが他者の行動を観察した場合に，子どもの行動や思考が惹起され，その行動が優位になる。観察版 DCCS 課題や，模倣ゲームなどがこれに該当する。第3章の言葉を借りれば，1つ目はself-generated，2つ目は others-proposed な抑制すべき対象ということになろう。この2つの最大の違いは，後者の場合は，子ども自身がその状況で何も行動をしておらず他者の行動を観察しただけで，優位な行動や思考を形成するという点である。このことは，子どもの社会的認知や社会的学習の能力の高さによると考えられる。

第 4 章　抑制機能と物理的刺激

社会的感染の防止

　第 3 章および第 4 章の結果から，ヒト幼児は，その社会的認知や社会的学習能力の高さから，他者の行動に過剰に反応してしまい，その行動に影響を受けること，そして，5 歳ころまでにそのような影響を受けにくくなることが示された。この基底にあるプロセスは，おそらく，第 3 章で紹介したように，他者の行動を観察することで誘発された行動や思考を，抑制できるようになるというものであろう。では，これはヒトの個体発生の中でいかなる意義を持ちうるのであろうか。社会的世界の中で発達するヒトという種にとって，他者の行動を参照したり，模倣したりすることは極めて重要である。しかしながら，いつまでも他者の行動にばかり影響を受けているわけにはいかない。様々な他者がいる世界に出る 3 歳ころになると，他者から自分を一度切り離す必要があるだろう。換言すれば，社会的世界における抑制機能のもう 1 つの発達的意義とは，社会的感染を防止し，社会的世界の中における自己の確立を促すことではないか。このような主張は，実行機能の発達は自己意識の形成に寄与するという Russell の主張 (Russell, 1997) とも一致している。また，実行機能とは，外界で表出する行動を内面化する過程であるとする示唆とも一致している (Barkely, 2001)。

　しかしながら，ここでの理論と一致しない知見が 1 つ存在する。McGuigan, Whiten, Flynn, and Horner (2007) は，Horner and Whiten (2005) の"artificial fruit"課題（第 3 章参照）を，3 歳から 5 歳の子どもに与えた。筆者の理論からすると，3 歳児は他者の行動を過剰に模倣するが，5 歳児ではそのような傾向が消失するはずである。しかしながら，この研究では，3 歳児と 5 歳児の成績は変わらず，ある条件では 5 歳児は 3 歳児よりもモデルの行動を模倣する傾向にあった。この結果は，筆者の仮説を支持しない。

　もっとも，この研究における重大な欠陥は，参加児が報酬を得ることにあまり動機付けられていないという点である。この研究で参加児に与えら

4.4 社会的世界における抑制機能の役割 (2)

れた教示は,「ほら,あなたの番よ」というものであった。この教示では,子どもは報酬を得るべきなのか,模倣をするべきなのかの判断がつかないであろう。Horner らの同じ研究グループが別の課題を用いたときには,5歳児はモデルの行動を模倣しなかったという結果 (Horner & Whiten, 2007) も,McGuigan et al. (2007) の結果の信頼性に疑問を呈する。本章での実験のように子どもが目的を明示的に教示されたときには,おそらく5歳児はモデルの真似をしないのではないかと考えられる。

本章では,子どもが他者の行動に過剰に反応することが示された。第2章,第3章での結果と併せて,抑制機能の発達が社会的世界において,重要な意義を持つことが示唆された。

第5章

抑制機能と文化

　第3章と第4章で，抑制機能の発達的意義について考察してきた。そこでは，抑制機能の発達的意義の一つは，社会的感染の防止であると主張した。しかしながら，このような発達的意義は，日本という文化の制約を受ける可能性もある。そこで，第5章では，このような発達的意義が，文化普遍的なものであるか否かについて検討する。このような検討は，抑制機能の発達パタンが文化普遍的であるかという問題に加え，経験や環境が抑制機能の発達に影響を与えうるかという議論にとっても重要である。

5.1　文化と認知発達

　文化と認知は，密接に結びついている。文化心理学は，その関連を詳細に検討する学問領域である (Markus & Kitayama, 1991)。「文化」という概念は極めて多岐にわたるが，この領域では，政治や経済の形態，価値や規範，言語，親の養育態度などを含む歴史を通じて形成されてきた慣習などのことを指す（北山, 1998）。近年の文化心理学の実証的な研究によると，文化は，

原因推論（Miller, 1984; Morris & Peng, 1994）や自己観（Markus & Kitayama, 1991）といった極めて高次な認知から，線や画像の認知（Masuda & Nisbett, 2001）や線と枠の関係の知覚（Kitayama, Duffy, Kawamura, & Larsen, 2003）といった比較的低次の知覚処理にいたるまで，様々な認知処理に影響を与えている。例えば，Masuda and Nisbett (2001) は，日本人とアメリカ人の成人に魚などの様々な対象が水中で動く様子を呈示し，その内容を報告するように求めた。その結果，日本人の成人は，その映像の文脈情報などを報告する傾向にあったが，アメリカ人は中心情報（魚など）に言及する傾向にあった。加えて，それらの映像を観察した後，参加者は，観察した映像に出てきた対象と，新奇な対象を呈示され，再認するように求められた。その結果，日本人の参加者は，対象が，最初に出てきたのと同じ文脈で呈示されたときに再認成績が良かったが，アメリカ人の参加者ではこのような効果がみられなかったという。これらの結果は，日本人とアメリカ人とで，同じ刺激を与えられても，注意の向け方が異なることを示唆している。

　それでは，文化はヒトの認知発達にいかなる影響を与えるのであろうか。文化心理学においても，発達的検討は始まったばかりでありまだ証拠は少ない（鳥山, 2006）が，それらは2つに分類することができる。1つは，それぞれの文化は，それぞれの認知発達経路を持つとする研究である。Wellman and Liu (2004) は，アメリカの子どもを対象に，心の理論スケールを作成した。彼らによると，アメリカ人の他者理解は，多様な欲求（diverse desire），多様な信念（diverse belief），知－無知（knowledge-ignorance），誤信念（false belief），そして隠れた情動（hidden emotion）の理解の順序で発達していくという。この結果は，オーストラリアの子どもでも確認されている（Peterson, Wellman, & Liu, 2005）。しかしながら，中国の子どもを対象とした Wellman, Fang, Liu, Zhu, and Liu (2006) は，異なった結果を報告している。中国の子どもは，多様な信念より先に，知－無知の区別を理解するという。この違いについて，Wellman et al. (2006) は，西洋では真実

や信念などに重きを置くのに対して，中国では実践的な知識獲得に重きを置くことによるとしている。例えば，中国では，漢字を正しく書く，詩を正確に暗唱する，などの知識の獲得が養育者から推奨されるという（Li, 2002; Nisbett, 2003 なども参照）。日本では，全体的な正答率は低いものの，アメリカと一致した発達経路がみられることも報告されている（東山, 2007）。同様に，Duffy, Toriyama, Kitayama, & Itakura (2009) は，Kitayama et al. (2003) でみられた日米の認知様式の違いが幼児でみられるかを検討したところ，4-5 歳では文化の差はみられないものの，6 歳ころから当該の文化の認知様式と一致した傾向がみられるようになることを示した。

　文化と認知発達に関するもう 1 つの研究は，文化が認知発達の早さに影響を与えるというものである。再び心の理論研究を例にすると[1]，ほとんどの文化において心の理論の発達のパタンは一致することが報告されている。Callaghan et al. (2005) は，カナダ，インド，ペルー，サモア，タイの就学前児に誤信念課題を与えたところ，どの文化においても 5 歳までにこの課題を通過することができることを示した（ただし，最も低いサモアは 73％）。一方，Wellman et al. (2001) は誤信念課題を扱った 178 の研究をメタ分析し，誤信念を理解できる時期は 4 歳半であるとしているが，その発達時期は文化によって異なることも示唆している。わが国においても多くの日本人研究者が誤信念課題を用いて心の理論の研究を行っているが，5 歳児でも 7 割程度しかこの課題に通過できないことが報告されている（郷式, 1999; 子安, 1997; Naito & Koyama, 2006）。もっとも，Moriguchi, Okumura, Kanakogi, and Itakura (2010) は，日本人幼児を対象に非言語誤信念課題を用いると，通常の誤信念課題よりも成績が劇的に上昇することを示した。少なくとも日本人幼児の場合は，誤信念の理解が単純に遅れているわけで

---

[1] 心の理論は発達心理学において最も重要な問題の 1 つであるため，実証的な研究が多く，様々な国で研究がなされている。そのため，文化的な差異を論じるときに例にしやすい。

はなさそうである。

5.2 氏か育ちか —— 抑制機能の場合

それでは，抑制機能の発達パタンに文化差はみられるのであろうか。この問題を考えるにあたり，経験や環境が，実行機能や抑制機能の発達に影響を及ぼすかという点が重要になると思われる。もともとは，実行機能の発達は，遺伝的要因に規定されると考えられていた。これは，実行機能が前頭前野と深く関連していることによる。第1章で紹介した通り，実行機能の神経学的基盤は前頭前野を中心とするネットワークであり，前頭前野の成熟と実行機能の発達には強い相関がみられる。つまり，前頭前野の成熟こそが実行機能の発達であり，訓練などの経験要因についてはほとんど検討されてこなかった。事実，1990年代以降の実行機能研究ではそのように考えられてきた。Frye et al. (1995, p. 505) はDCCS課題を用いた研究で，"training may not quickly change young children's judgments in these types of tasks" と述べ，成熟要因の重要性を強調している。

しかしながら，近年，訓練などの環境要因の影響が検討され始めた。Kloo and Perner (2003) は，DCCS課題を用いて訓練の効果を示した。彼女らの研究では，子どもは週に1回15分程度の訓練を与えられた。その結果，訓練を受けた子どもは，訓練を受けていない統制群と比べて，有意にDCCS課題の成績が向上した。また，Dowsett and Liversy (2000) も，Go/Nogo課題の成績が，訓練によって向上することを示した。さらに，Rueda, Rothbart, McCandliss, Saccamanno, and Posner (2005) も，認知的制御を必要する課題 (Flanker課題) において，脳波の波形に訓練の効果がみられたことを示している。これらの研究の特徴は，子どもに徹底的な訓練を与えたことである。Kloo and Pener (2003, p. 1829) によると，"intensive, explicit training" は，抑制機能課題の成績を向上させうると示唆している。

近年は，実行機能や抑制機能の訓練に関する論文が相次いで最も権威のある科学雑誌の1つである *Science* 誌に掲載されており，この分野におけるホットトピックだといえる（詳しくは，第7章を参照）。

また，言語発達も抑制機能の発達を促進させるかもしれない。Luria (1961) は，Light 課題において，子どものラベリングがこの課題の成績を向上させることを見出した。例えば，スクリーンが赤いときはボールを掴んではいけないが，子どもに「動かない」と言わせると，子どもがボールを掴む傾向を抑制できるようになった。抑制機能という文脈では語られていないものの，ラベリングが逆転学習[2]を促進するという報告もある (Kendler & Kendeler, 1961, 1962)。最近では，Kirkham et al. (2003) が，DCCS 課題においてラベリングの効果を示した。

さらに，バイリンガル (bilingual) と抑制機能の発達との関連も指摘されている。Bialystok とその共同研究者 (Bialystok, 1999; Bialystok & Martin, 2004) は，中国語と英語のバイリンガルの子どもに DCCS 課題を与え，その成績を英語のモノリンガルの子どもと比較した。その結果，バイリンガルの子どもは，モノリンガルの子どもよりも DCCS 課題の成績が高かったという。また，Carlson and Metzoff (2008) は，英語とスペイン語のバイリンガルの子どもと英語のモノリンガルの子どもに，葛藤抑制課題のバッテリーを与えたところ，バイリンガルの子どもの方が有意に成績が良かったという。なぜバイリンガルの子どもが成績が良いかについて，Bialystok and Martin (2004) は，いくつかの可能性を述べている。1つは，2つの言語のうち1つの言語に焦点をあて，もう1つの言語を無視するというコンスタントな経験が，当該の状況で1つのものに選択的に注意を向け，他のものを抑制する能力を向上させるという可能性である。もう1つは，バ

---

2) 逆転学習とは，2つの対象のうちどちらかが正で他が負であるという学習をさせた後に，対象の正負を逆転し，前に正であったものが負に，負であったものが正になる課題を学習させるものである。

イリンガルの子どもは，モノリンガルの子どもと異なり，言葉と概念の関係が一対一ではなく，一対多であるため（赤い丸い物体は，「りんご」とも，"apple"とも表象される）認知的な柔軟性が育まれやすいという可能性である。いずれの解釈にしても，バイリンガルの経験は，抑制機能の発達を促すらしい。

他にも，親の社会・経済状態（SES）や兄弟姉妹の数が実行機能の発達に影響を及ぼすという知見もある（Cole & Mitchell, 2000; Noble, Norman, & Farah, 2005）。このように，実行機能，特に抑制機能の発達には，経験や環境要因が関与しているらしい。もっとも，前頭前野の成熟という成熟要因が重要であることは明白で，他の能力の発達と同様に，「氏も育ちも」重要であるということになるであろう。

5.3　抑制機能の発達に文化差はあるか

では，抑制機能の発達に文化差はみられるのであろうか。第1章で述べたように，実行機能の発達研究は最近10年で進展したものであるから，文化的な比較はあまりなされていない。ほとんどの研究が西洋のものであり，それらの研究は，一致して，3歳から5歳にかけての著しい発達を報告している。最も広く使われている課題は，繰り返し引用しているDCCS課題である。この課題は，アメリカ（Kirkham et al., 2003），イギリス（Towse et al., 2000），オーストリア（Kloo & Pener, 2005），カナダ（Zelazo et al., 1996）において使用され，どの文化においても3歳から4歳にかけて著しい成績の向上がみられる。筆者らの第3章の実験3-5から，日本の子どもも同様の発達パタンであることが確認された。また，Day/Night課題は，アメリカ（Gerstadt et al., 1994）およびイギリス（Simpson & Riggs, 2005a, 2005b）において用いられており，抑制機能の指標である正反応率と反応潜時が3歳半から5歳にかけて著しく発達することが示されている。

近年は，西洋と西洋以外の文化の子どもの抑制機能を比較した研究がいくつか報告されている。1つは，中国とアメリカの幼児を対象にした研究である。Sabbagh et al. (2006) は，様々な抑制機能の課題を用いて，中国とアメリカの3,4歳児の抑制機能を比較した。彼らが用いた課題は，DCCS課題，Day/Night課題などであったが，いずれの課題においても，中国の子どもは，アメリカの子どもよりも有意に成績が良かった。比較研究であるため，明確な発達パタンは不明だが，2つの課題を除いては，年齢差がみられたという。また，Oh and Lewis (2008) は，韓国の子どものDay/Night課題やDCCS課題の成績が，イギリスの子どもの成績よりも有意に高いことを示している。さらに，Chasiotis et al. (2006) は，ドイツ，コスタリカ，カメルーンの3,4歳児に葛藤抑制課題と遅延抑制課題を与え，その成績を比較した。葛藤要請課題として，LuriaのHand game，Day/Night課題などの課題が，遅延抑制課題として，2種類のGift Delay課題（第1章参照）が与えられた。この研究では個々の課題のデータが提示されていないので詳細は不明だが，葛藤抑制課題の成績はドイツとコスタリカの子どもがカメルーンの子どもよりも良かったのに対して，遅延抑制課題の成績は，カメルーンの子どもが最も良かった。個々の文化の発達パタンについては明示されていないが，カメルーンの子どもは，ドイツやコスタリカと異なった発達経路を持つのかもしれない。

5.4 カナダと日本の文化比較

前節で述べたように，文化によって抑制機能の発達パタンや経路が異なる可能性がある。しかしながら，いずれの研究も，DCCS課題などの伝統的な抑制機能課題を用いた研究であった。そこで本章では，筆者が第3章で考案した観察版DCCS課題と，これまでも用いられてきた標準版DCCS課題を用いて，両者の発達パタンが日本とカナダとで異なるか否か

を検討する。特に，観察版 DCCS 課題に着目する。第3章から第4章にかけて，筆者は日本の子どもが他者の行動を観察すると，その行動が「感染」してしまい，子どもが正しくカードを分類することができないことを報告してきた。このような傾向は，実は日本の子どもやアジアの子どもに特徴的なものかもしれない。先述の通り，日本などのアジアの国々とアメリカなどの西洋の国々では，自己観が異なる。アジアの国々では，より相互協調的な自己観を持っており，西洋の国々ではより相互独立的な自己観を持つ（Markus & Kitayama, 1991）。相互協調的な文化で育つ人々は，自分自身を社会的な関係の一部として捉え，自分の行動は他者の行動に強く影響を受けるという認識を持つと考えられる。一方，相互独立的な文化で育つ人々は，自分と他者とは独立したものだと捉えると考えられる。

また，このような自他関係の文化差は，子どものころからすでにみられるかもしれない。Rothbaum, Pott, Azuma, Miyake, and Weisz (2000) によると，日本の母親は自分の子どもと密接な近接性を示し，子どもが欲求のサインを出す前に彼らの要求に応えるという。これにより自他の境界が曖昧になるのかもしれない。北米では，乳児ですら独立した自己であるとみなされ，母親と子どもとの必要以上の近接性は不健全であるとみなされる（Chen & Miyake, 1986）。幼稚園や保育園の指導においても，日本では他者との調和を重視されるが，北米では自己の意志や希望を主張することが重視されるという。これらの知見を考慮すると，日本の子どもは他者との関係を重視するために，観察版 DCCS 課題においても，日本の子どもは他者の行動に影響を受けやすいが，他者から自己を切り離すように育てられる北米の子どもはあまり他者の影響を受けないという可能性がある。そこで筆者は，カナダと日本の子どもを直接比較し，この可能性について検討した。

実験5：日本人幼児 VS カナダ人幼児

健常な61人の日本の3,4歳の保育園児と70人のカナダの3,4歳児を対象とした。実験素材は両国とも，実験3-5で用いられたものと同じであった。

各参加児は，標準版DCCS課題と観察版DCCS課題を与えられた。どちらの属性を第1段階で使用するかという属性の順序は，参加児内では一貫していたが（例えば，標準版の第1段階が色属性なら，観察版の第1段階も色属性を使用），参加児間ではカウンターバランスをとった。また，課題の順序（観察版が先か，標準版が先か）も参加児間でカウンターバランスをとった。

結果は，図5-1の通りである。5-6試行以上正答できた子どもを課題通過，それ以外の子どもを課題失敗とみなした。まず，カナダの子どものうち，72%が観察版DCCS課題に通過することができた。彼らは，他者の行動を観察しても，その行動にはそれほど影響を受けなかった。一方，先行研究と一致して，日本の子どもにとってはこの課題は難しいようであった。通過した子どもは，57%程度であった。この課題の正答率が年齢，国，課題の順序によって影響を受けるかどうかを調べるために，ロジスティック回帰分析を実施した。その結果，これらの変数による全体的な回帰モデルは有意であった。また，年齢，国，課題の順序の各要因が課題の正答率に影響を及ぼしていることが明らかになった。具体的には，4歳児は，3歳児よりも，約4倍の率で課題に通過していた。また，カナダの子どもは，日本の子どもよりも，約2倍の率で課題に通過していた。また，観察版DCCSを最初に与えられた場合，後に与えられるよりも，2倍程度通過率が低かった。

標準版DCCS課題も同様の分析を実施した。興味深いことに，標準版DCCS課題においては，カナダの子どもも，日本の子どもも，ほぼ同じ成

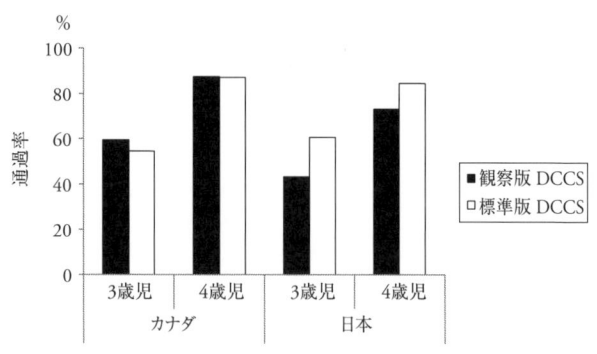

図 5-1　日本人幼児とカナダ人幼児における，標準版（standard DCCS）および観察版（Social DCCS）DCCS 課題の通過率

績であった。カナダの子どもの 70％が課題に通過したのに対して，日本の子どもは 71％が課題に通過することができた。標準版 DCCS 課題の正答率が年齢，国，課題の順序によって影響を受けるかどうかを調べるために，ロジスティック回帰分析を実施した。その結果，これらの変数による全体的な回帰モデルは有意であった。また，年齢要因は課題の正答率に影響を及ぼしているが，国と課題の順序は課題の正答率には影響を及ぼしていないことが明らかになった。年齢要因に関しては，4 歳児は，3 歳児よりも，約 4 倍の率で課題に通過していた。

最後に，それぞれの文化における両課題の成績の関連について検討を行った。マクニマー検定をそれぞれ実施したところ，カナダにおいては，両課題の成績に有意な差は認められなかったが，日本においては，課題の成績に有意な違いが認められた。日本の子どもにとっては，観察版 DCCS のほうが困難だったようである。

5.5　抑制機能と文化

本章では，文化と抑制機能の発達という問題を扱った。様々な先行研究

5.5 抑制機能と文化

から，文化が抑制機能の発達に影響を及ぼす可能性が示唆されたため，筆者は日本人幼児とカナダ人幼児の抑制機能の発達パタンを比較検討した。以下，これまで得られている文化と抑制機能に関する知見と本章の実験結果を考えあわせて，総合的な検討を行う。

実験5では，日本人幼児に2つのDCCS課題を与え，カナダの幼児のデータと比較した。その結果，標準版のDCCS課題においては，日本の幼児の成績は，カナダの幼児とほとんど同じであった。いずれの国においても，約半数の3歳児が，第2段階において，第1段階で使用した属性でカードを分類し続けたが，4歳児は課題に通過することができた。一方，観察版DCCS課題においては，有意な成績の違いがみられた。日本の幼児は，他者の行動を観察すると，その行動に影響を受けてしまいがちであったが，カナダの幼児は他者の行動を観察した後でも，正しくルールを使用することができた。

これらの実験結果から，抑制機能の発達は，文化普遍的な側面と文化依存な側面があることが示唆された。とりわけ，他者との関係性などを含むような課題においては，文化の差が認められることが明らかになった。これらの違いは，それぞれの文化における自己観を反映している可能性がある。

ただし，観察版DCCSにおいて，カナダの子どもの正答率が日本の子どもよりも高かったことは事実だが，3割程度の子どもが他者の行動に影響を受けたのも事実である。むしろ，観察版DCCSと標準版DCCSとの結果がほぼ同じであり，いずれの課題も3歳児は困難を示すが，4歳児は通過できることが明らかになった。これらのことは，「社会的感染」(第4章参照)は文化普遍的な現象であるが，その影響の度合いは文化によって媒介される可能性を示している。いずれの文化においても，幼児にとっては他者の行動は顕著なものであり，その行動に影響を強く受けてしまう。とりわけ，相互協調的な文化においては，その影響は強いものである。し

かしながら，いずれの文化においても，4歳になると，そのような影響は受けにくくなる。第4, 5章で議論してきたように，抑制機能の「社会的感染の防止」という役割は，文化普遍的なものである可能性がある。ただ，相互協調的な文化においては，その役割がより顕著になるのであろう。

抑制機能と文化

　実行機能の発達の文化比較研究は途についたばかりであるが，Sabbagh et al. (2006) は中国の子どもの抑制機能の発達が，西洋の子どもよりも，早いことを示している。Oh and Lewis (2008) は，同様に韓国の子どもの成績がイギリスの子どもの成績よりも高いことを示した。また，Chasiotis et al. (2006) は，ドイツやコスタリカの子どもの葛藤抑制課題の成績が，カメルーンの子どもたちよりも，有意に高いことを示した。本章の実験結果は，これらの研究の中でどのように位置づけられるであろうか。筆者の実験では，標準版のDCCS課題では，日本とカナダの幼児において成績の違いが認められなかった。この結果と中国や韓国の子どもの結果との違いは特筆に価する。というのも，これまでの文化心理学的な枠組みでは，中国や日本などの東アジアの国々は，同一の集団であるとみなされてきた。例えば，Nisbett et al. (2001) によると，中国や日本の人々は，全体的な「場」に注目し「場」の要素と「対象」との関係性にもとづいた推論を行うという思考様式が優勢であるとされてきた。第5章の結果は，このような理論とは一致しない。同じ東アジアの国々においてある側面の認知能力や思考様式は同一であっても，他の側面は異なっているのかもしれない。当然のことではあるが，東アジアの文化を東アジアとして総じて論じることは，ときには，危険である可能性が示されたといえよう。ただし，観察版DCCS課題では，日本と中国とでは同じような結果になる可能性もある。自己観が観察版DCCS課題に影響を及ぼすとしたら，こちらの課題においては，相互協調的な自己観を持つ文化で育つ子どもは，より他者の行動

の影響を受ける可能性がありうる。

　少なくともここから示唆されるのは，抑制機能の発達パタンは，基本的には文化普遍的なものであるものの，自己観などによって発達パタンが影響を受ける可能性もあるということである。しかしながら，文化と抑制機能の問題は，あまりに知見が不足しているため，今後の研究が待たれる。

氏か育ちか

　これまでの研究で，特別な訓練 (Kloo & Perner, 2003; Rueda et al., 2005) や，バイリンガルの経験 (Bialystok & Martin, 2004)，言語の発達 (Kirkham et al., 2003; Luria, 1961) など，様々な経験要因が抑制機能の発達に貢献することが示されている。本章では，文化という環境要因が抑制機能の発達に影響を与える可能性について議論してきた。今回の結果からは，日本の子どもの抑制機能の発達がカナダの子どもの発達と少なくとも部分的には違うことが示されたし，中国や韓国，カメルーンにおける結果なども考慮すると，1990年代前半に主張されてきた抑制機能の成熟説を棄却し (Frye et al., 1995)，遺伝と環境の両要因が抑制機能の発達に影響を及ぼす可能性が示唆される。

　文化の違いがそのまま環境の違いかというと，そうでもない。文化によって遺伝的背景が異なる可能性もある。例えば，*DRD4* というドーパミンに関わる遺伝子は，ADHDと関連しているといわれている (Faraone, Doyle, Mick, & Biederman, 2001; Swanson et al., 1998)。そして，第1章で述べたようにADHDと抑制機能は深く関わっている。そして，この *DRD4* の第3エクソンには反復配列多型が存在し，この反復回数が多い人は新奇性追求傾向が強いとされる。文化という視点からすると，日本を含む東アジア・南アジア地域の人々はこの反復の回数が比較的少ないのに対して，アメリカ人では反復回数が多い (Chang, Kidd, Kivak, Pakstis, & Kidd, 1996)。この遺伝子が仮に抑制機能と関連すればという前提つきの話ではあるが，遺

第 5 章　抑制機能と文化

伝子レベルでは，日本も中国も差はなく，むしろ西洋よりも抑制機能の能力が高いことが予測される。しかしながら，本章の結果は，それを支持するものではなかった。今後の研究では，遺伝的に近い中国と日本の子どもの比較と，遺伝的に異なる日本の子どもと西洋の子どもの比較をするなどして，抑制機能における遺伝と環境の問題について深く迫ることができるかもしれない。

第6章

ヒト以外の動物における抑制機能

　第5章までで，抑制機能の個体発生における役割について議論してきた。ここまでの主張は，心の理論を含む社会的知性の発達の基底には抑制機能があることと，他者からの過剰な影響を受けないため（社会的感染を受けないため）に抑制機能が作用していることの2点であった。第6章では，特に，前者の主張が進化の過程にもあてはまるかについて議論していく。

6.1　ヒト以外の動物における前頭前野

　実行機能や抑制機能の進化は，前頭前野の進化と切り離せないと考えられる。これまで，実行機能は前頭前野と深く関わり，前頭前野の成熟は他の部位に比べても遅く，その成熟が実行機能の発達時期と一致することを述べてきた。系統発生的にも，前頭前野の発達は比較的遅いことが知られている。

　大脳新皮質のサイズは，進化とともに，社会集団や体の大きさに応じて

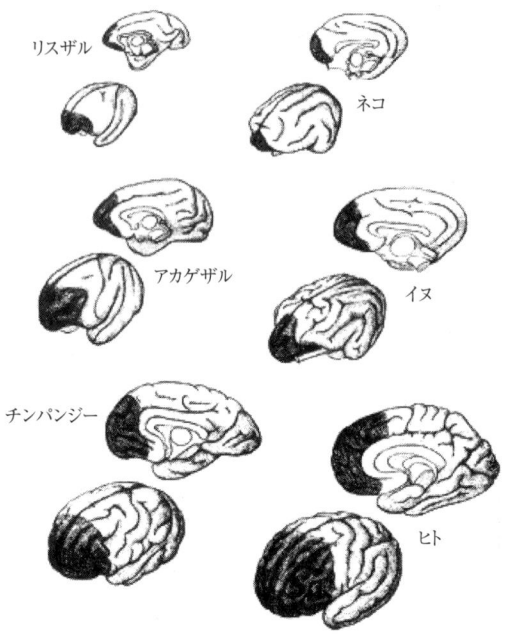

図 6-1 様々な種における前頭前野（黒い部分）
(Fuster, 2002, Figure 2; Springer Science+Business Media の許可により転載。© 2002, Springer Netherlands)

増していったと考えられている。高等な哺乳類において特に発達している。新皮質の中でも，特に前頭前野は，進化の過程の中で，著しく発達していったらしい（Fuster, 2002）。よく用いられる指標は，前頭前野が全皮質の中で占める割合である。Fuster（1997）は，解剖学的に様々な種の前頭前野の割合を比較した。その結果，ネコの前頭前野の割合は 3.5％，イヌは 12.5％，アカゲザルは 11.5％，チンパンジーは 17％であり，ヒトでは 29％程度であるという（図 6-1 参照）。このように，ヒトに近い種であるほど，前頭前野が占める割合は大きくなっている。ただし，最もヒトに近い種であるとされるチンパンジーが 17％であるのに対して，ヒトが 29％と，2 倍近く違いがあることは特筆すべきであるかもしれない。このことから，

ヒトにおいて前頭前野が特に発達していることが示唆される。

6.2 ヒト以外の動物における抑制機能

　解剖学的な知見から単純に考えるのであれば，実行機能や抑制機能は，進化とともに発達していったと考えるべきであろう。では，実際にはどのような研究がなされているのだろうか。遅延反応課題などを用いたワーキングメモリに関する研究は数多く報告されているが（船橋, 2005; Goldman-Rakic, 1992），ここでは抑制機能に関連すると思われる知見のみを紹介していく。抑制機能の比較認知研究では，WCST 課題（序章参照）に類似した課題がしばしば用いられているので，それらの研究をレビューする。

　WCST は，序章で述べたように，抑制機能のみが関わる課題ではないが，ヒト以外の種の研究で広く用いられており，抑制機能が必要であることも確認されているため，ここでは抑制機能の指標として取り扱う。WCST に関連する多くの動物研究は，パーキンソン病などのヒトの病気の機序を解明することを目的としてヒト以外の種を用いて行われた損傷研究であり，抑制機能の進化を検討しようとしているわけではない。例えば，ラットやサルに何らかの物質を投与したり，脳の一部を損傷したりして，どのような影響が出るかを観察するといった具合である（Decamp & Schneider, 2004; Hatcher et al., 2005）。だが，それらの研究には必ず健常な個体を用いた実験も行われているため，それらの種の課題の成績を比較することは，抑制機能の進化についての示唆を与えてくれるに違いない。ここでは，課題の構造等を考慮し，比較可能な種についてのみ紹介する。

　WCST にも様々な指標があるが，その中でも，本書で繰り返し紹介している DCCS 課題に関連する，属性間シフトに要する試行数についてみていく。属性間のシフトとは，例えば色と形という 2 つの属性を持つ刺激の場合，最初は特定の色を持つ刺激を選択すれば報酬がもらえたのが，途

中でその色を選択しても必ずしも報酬がもらえるわけではなくなり，特定の形を持った刺激を選択した際に報酬がもらえるようになる。その際に，特定の色を持つ刺激を選択する傾向を抑制し，特定の形を持つ刺激を選択することである。これは逆転学習とは異なる。属性間シフトの場合は，1つの属性からもう1つの属性へのシフトという過程を含むのに対して，逆転学習は，そのようなシフトを含まず，1つの属性内での刺激−報酬間の連合の学習および消去が行われる（Roberts, Robbins, & Everiu, 1988; Slamecha, 1968）。もっとも，属性が2つしか含まれない課題ではその区別は難しく，また，いずれの過程にも抑制機能は必要だと考えられる。ヒトの研究で最も広く使用されているWCST課題と比較するために，本章では属性間シフトに焦点をあてる。

　Roberts（1996）は，WCSTと類似した，Wisconsin General Test Apparatus (WGTA)でヒト，アカゲザル，コモンマーモセットの属性間シフトに要する試行数を比較した。この課題では，「形」と「線」という2つの属性があり，その属性間のシフトが求められた。その結果，ヒトは20試行程度でシフトできたのに対して，アカゲザルは80試行程度，コモンマーモセットは150試行程度要した。アカゲザルがシフトに要する試行数は，他の研究とも一致している（Decamp & Schneider, 2004）。やや課題は異なるものの，ハトは属性間シフトに40試行程度要することも示されている（Watanabe, 2005）。属性間シフトの前の元の学習に要する試行数が異なるために単純な比較は難しいかもしれないが，このように，WSCTの比較認知的な研究から，抑制機能が進化の過程の中で発達してきた可能性が推測される。

6.3　チンパンジーにおける抑制機能

　前節では様々な種の抑制機能について概観してきたが，進化の隣人とも

いわれるチンパンジーの抑制機能について WCST で検討したものは報告されていない。しかしながら，別の課題を通して抑制機能を検討した研究はいくつか存在する。Tomonaga and Ohta (1990) は，チンパンジー1個体を対象に Go/Nogo 課題を行った。この課題では，チンパンジーは，ある刺激（例えば，円）が画面上に出現したらキーを押さねばならず（Go 試行），ある刺激（例えば，水平線）が出たら5秒間キーを押してはならなかった（Nogo 試行）。チンパンジーは最初のうちは，Nogo 試行においてもキーを押してしまったが，Nogo 試行のみのセッションを設け，キーを押さないことを徹底的に訓練すると，その後に Go 試行，Nogo 試行を含めたセッションにおいても正しく反応することができるようになった。また，別の刺激を用いた際にも，同様の反応ができた。もっとも，この研究では，ヒトとは異なり，比較的長い訓練を要した。

　また，第1章で紹介した Hot な実行機能と関連するような研究も報告されている。Boysen and Berntson (1995)，Boysen, Berntson, Hannan, and Cacioppo (1996) は，2頭のチンパンジーを対面させ，そのうち1頭に1個と4個の報酬を選択させた。この課題では，一方が選択した報酬はもう一方の個体に与えられることになっていた。つまり，多くの報酬を得るためには1個の報酬を選択しなければならない。この実験で，チンパンジーは4個の報酬の選択を抑制することに困難を示した。約400試行費やしても，70％程度の確率で多い方の報酬を選び，学習はみられなかったという。興味深いことに，アラビア数字を学習しているチンパンジーに，実際の報酬の代わりにアラビア数字を用いて同様の実験を行った場合には，少ない方の報酬を選ぶことができたという。ニホンザルやリスザル，ワタボウシタマリンなどを対象にした研究でも，少ない報酬の選択は容易ではないことが示されている (Anderson, Awazu, & Fujita, 2000; Kralik, Hauser, & Zimlicki, 2002; Silberberg & Fujita, 1996)。

　第1章で述べたように，Go/Nogo 課題や，Hot な実行機能の課題では，

ヒト幼児では4，5歳ころまでに劇的に成績が向上する。このことを考慮すると，直接比較した研究はないものの，チンパンジーの抑制機能がヒトの子どもよりも発達していない可能性が推測される。

6.4 チンパンジーにおける心の理論

冒頭で触れたように，本章では抑制機能と社会的知性の発達が系統発生的にも関連しているかどうかについて考えていきたい。特に，心の理論に焦点をあてていく。

そもそも，心の理論研究は，Premack and Woodruff (1978) のチンパンジーの研究から始まった。この論文では，サラというチンパンジーが，ビデオで提示されたヒトの問題解決に必要な写真を選ばされた。サラが正しい写真を選ぶことができたことから，チンパンジーも他者の目標や意図を理解できると示唆された。この研究は様々な批判を受けるが，ここから霊長類における様々な心の理論研究が派生した。Povinelli and Eddy (1996) は，チンパンジーは他者の体の向きには感受性があるが，顔の方向や視線方向にはあまり敏感ではないことを示した。Kaminski, Call, and Tomasello (2004) は，Povinelli and Eddy (1996) のパラダイムを修正して，チンパンジーやボノボが体の向きに加えて，顔の向きも区別していることを示した。また，Uller and Nichols (2000) は，ヒト12ヶ月と同じパラダイムを用いて (Gergely et al., 1995)，チンパンジーが幾何学図形の動きに目標を帰属させることを示した (第2章も参照)。さらに，Call and Tomasello (1998) はチンパンジー，オランウータンおよびヒト幼児が他者の意図的な行動と偶然の行動を区別できることを示し，Call, Hare, Carpenter, and Tomasello (2004) は，チンパンジーが，実験者が故意に食物を与えないときと，与えることが不可能なときで異なった反応をすることを示した。これらの知見を受けて，ヒトの近縁種であるチンパンジーは，他者の心的状態についてある程

度の感受性を持っていると結論付けられている[1]（Tomasello, Call, & Hare, 2003）。

おそらく，これまでの研究の蓄積から，この結論に異論を唱えることはできまい。しかしながら，チンパンジーの心の理論がヒトと同様に発達しているかというと，必ずしもそうとはいえない。他者の目標や意図，おそらくは知識状態までは理解していると考えられるが，これらの能力はヒトの個体発生の中でも比較的早期に獲得されるものである（第2章参照）。それ以上のもの，つまりは，他者の誤信念をもチンパンジーは理解できているのであろうか。この点について，Call and Tomasello (1999) は非言語版の誤信念課題を考案し，ヒト4, 5歳児とチンパンジーに与えた。その結果は，ヒト幼児においては，言語版とほとんど同じ成績であり，4歳児の通過率はチャンスレベル（ある事象が偶然起きる確率，この場合は50%）程度であったが，5歳児の通過率は8割程度であった。一方，チンパンジーは，報酬の位置の変化への感受性などを含む3種類の統制課題には通過したものの，誤信念理解を測定する課題の成績はチャンスレベルよりも低かった。これらの結果と，第2章で紹介したヒトの心の理論の発達経路を考えあわせると，他者の誤信念の理解が，ヒトとチンパンジーの社会的認識における大きな違いの1つである可能性が示唆される。

6.5　チンパンジーとヒト幼児の比較研究

6.3節で，ヒトの子どもと比べて，チンパンジーの抑制機能がそれほど発達していない可能性が，6.4節でチンパンジーの心の理論が，誤信念の理解という点においてヒトと異なることが示された。これらの結果を表

---

[1]　チンパンジーは他者の心的状態にある程度感受性があるものの，ヒトとの決定的な違いは，意図や目標，注意を共有する能力であるとTomaselloらは主張している（Tomasello, Carpenter, Call, Behne, & Moll, 2005）。

表 6-1　ヒトの子どもとチンパンジーにおける抑制機能と心の理論

	抑制機能	心の理論 他者の意図理解	誤信念理解
ヒト 3 歳児	×	○	×
ヒト 5 歳児	○	○	○
チンパンジー	?	○	×

6-1 にまとめた。これらの議論と，第 2 章における，抑制機能と心の理論の関連についての知見を考慮すると，1 つの可能性が示唆される。それは，抑制機能の進化が，心の理論，具体的には，誤信念理解の進化に繋がったという可能性である。事実，進化発達心理学者が同様の示唆をしている。Bjorklund とその共同研究者たちは進化論的観点から，人間の進化の途上における前頭葉の発達が行動抑制能力を増大させ，それが高度な問題解決能力，ひいては心の理論をはじめとする社会的認知能力の獲得を実現したと論じている (Bjorklund, Cormier, & Rosenberg, 2005)。しかしながら，これはあくまで理論的な考察であり，実証的な証拠は報告されていない。第 6 章では，間接的にではあるが，この仮説を検証することを目的とした。

　この仮説を検討するためには，まず，ヒトの子どもとチンパンジーの抑制機能と心の理論を直接的に比較する必要がある。Call and Tomasello (1999) から，チンパンジーの誤信念理解は，ヒト 5 歳児ほど発達していないことが示されている。しかしながら，ヒトの子どもとチンパンジーの抑制機能を直接比較した研究はこれまで報告されていない。そこで，筆者は，誤信念の理解ができないチンパンジーの抑制機能と，誤信念の理解が可能とされるヒト 5 歳児の抑制機能を，非言語 DCCS 課題を用いて直接的に比較した。

実験6：ヒト幼児VSチンパンジー

　健常な30人のヒト5歳児および3頭の成体チンパンジーと3頭の子どものチンパンジーが実験に参加した。これらのチンパンジーは3対の母子であり，2000年に始まったチンパンジーにおける認知発達プロジェクトに参加している（Matsuzawa, Tomonaga, & Tanaka, 2006; Tomonaga et al., 2004; 友永・田中・松沢，2004）。ヒト幼児の実験は，ノートパソコンで行われた。チンパンジーに関してはタッチパネル付きのモニターを用いた。刺激は，ヒト5歳児とチンパンジーで全く同じものを使用した。形とサイズの2属性から構成される，いずれも言語化しにくい形をした5セットの刺激を使用した（図6-2参照）。画面には，上方に2つの刺激（以下，ターゲット刺激）と，下方に1つの刺激（以下，分類刺激）が提示された（図6-2参照）。参加者が2つのターゲット刺激のうち，一方をマウスでクリックする（ヒト5歳児）もしくは手で触れる（チンパンジー）と，分類刺激がターゲット刺激に向かって動くようにプログラムされていた。

　ヒト幼児の実験は，保育園の一室にて，個別に実験が行われた。実験の流れは図6-2の通りである。画面上にスタートキーが提示され，スタートキーをクリックすると，ターゲット刺激および分類刺激が提示された。実験者は，ターゲット刺激をクリックすると分類刺激が移動すること，正答した際に"OK"と書かれた絵と正答を示す音が鳴ること，誤答した際に髑髏の絵と誤答を示す音が鳴ることを説明し，できる限り正答するように教示された。前者はチンパンジーにおける報酬に，後者はチンパンジーにおける無報酬に該当した。

　第1段階では，最大40試行与えられ，そのうちに，参加児は連続で5試行正解しなければならなかった。参加児にはルールは教えられず，フィードバック（ターゲット刺激選択後に提示される絵と音）をもとにルール（形にもとづく分類・サイズにもとづく分類）を探しださなければならなかった。5

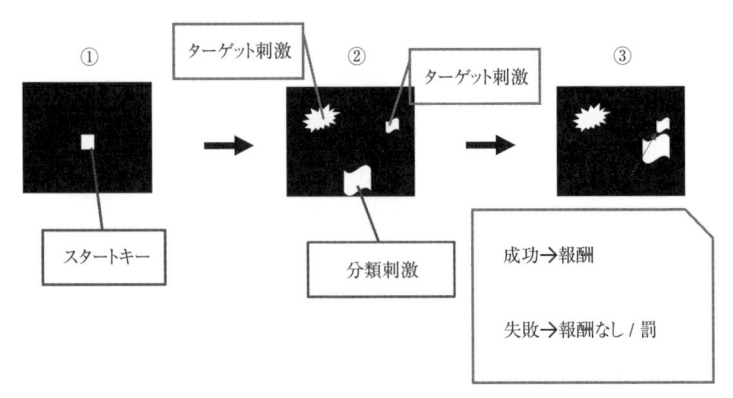

図6-2 実験6の1試行の流れ

試行連続正答すると，背景の画面の色が変わり（緑からピンク，もしくはピンクから緑），ルールも変わった。つまり，第1段階で形にもとづいて分類した際には，第2段階ではサイズにもとづいて分類しなければならなかった。第2段階でも，参加児は最大40試行与えられた。40試行内に，連続5試行正答しなければならなかった。

チンパンジーの実験は，京都大学霊長類研究所内の実験室（1.5 m×1.8 m×2.0 m）で行われた。彼らは，これまでの実験において，タッチパネルを用いた実験，特に，画面上に提示されたある刺激と他の刺激を合わせるという見本合わせの課題に参加したことがあったため，これらについての訓練は必要としなかった。また，正答の際に報酬がもらえ，誤答の際には報酬がもらえないことも学習していた。

チンパンジーは，1個体につき1日1セッション，計50セッション与えられた（2個体のみ40セッション）。本試行の手続きおよび課題通過の基準等は，ヒト幼児のものと全く同じであった。

この実験における最も重要な変数は，第2段階の通過率であった。第1段階は試行錯誤のルール学習であるが，第2段階の通過率は，第1段階で使用したルールを抑制できるかどうかの指標となった。また，各段階の

表6-2 ヒト5歳児における各段階の成績

	通過率	平均試行数（標準偏差）	エラー率
第1段階	73.3%	11.0 (8.5)	22.2%
第2段階	90.9%	10.1 (5.9)	27.8%

エラー率も重要であった。ここでのエラー率とは，全試行中，誤ってカードを分類した割合である。特に，第1段階は通過できたが，第2段階に通過できなかったセッションに注目した。もし第1段階のルールに影響を受けたため第2段階に通過できなかったのなら，第2段階のエラー率はチャンスレベルよりも有意に高いはずであった。

ヒト幼児の結果は表6-2の通りであった。第1段階は，フィードバックにもとづいたルール学習であったが，この段階を通過した5歳児は，30人中22人（73%）であった。通過できなかった子どもをみてみると，40試行までルールを発見できなかった子どもは1人に過ぎず，残りの7人は40試行までに課題に取り組むことを拒否した。第1段階を通過した子どもが，課題到達に要した試行数は，平均で11.0試行であった。比較的早い段階でルールに気づいたことが示唆された。また，第1段階におけるエラー率は，全体の平均で22.2%であった。

次に，第2段階では，第1段階で用いたルールを抑制し，新しいルールを使用することが求められた。第2段階を通過した人数は，22人中20人（91%）であった。第1段階を通過した5歳児は，ほとんどが第2段階を通過することができた。つまり，第1段階で使用したルールを容易に抑制することができたのである。第1段階を通過できたが，第2段階を通過できなかった参加児のうち，1人は途中で課題を放棄し，もう1人は40試行遂行したが，第2段階を通過できなかった。第2段階を通過した子どもが，課題到達に要した試行数は，平均で10.1試行であった。また，第2段階におけるエラー率は，全体の平均で27.8%であった。エラー率

表6-3　チンパンジーにおける第1段階・第2段階の成績

名前	セクション	通過率	エラー率
アイ	第1段階	54.0%	43.2%
	第2段階	55.6%	40.6%
パン	第1段階	36.0%	51.8%
	第2段階	50.0%	42.9%
クロエ	第1段階	30.0%	47.6%
	第2段階	41.7%	42.3%
アユム	第1段階	40.0%	45.3%
	第2段階	30.0%	42.6%
パル	第1段階	48.0%	44.7%
	第2段階	50.0%	43.2%
クレオ	第1段階	40.0%	48.2%
	第2段階	31.3%	41.5%
全員	第1段階	41.8%	47.1%
	第2段階	44.4%	42.7%

は第1段階よりも高いように思えるが，統計的には有意な差はみられなかった。

　チンパンジー全体および各個体の成績は表6-3に記載した。チンパンジーにおいても，ヒト5歳児と同様の分析を行った。まず，第1段階は，チンパンジーは全280セッション中117セッション（41.8％）において基準に到達することができた。カイ二乗検定の結果，チンパンジー成体とチンパンジー子どもの間に，通過率の有意な差はみられなかった。第1段階を通過したセッションで，課題到達に要した試行数は，平均で21.1試行であり，エラー率は，全体で平均47.1％であった。t検定の結果，チンパンジー成体とチンパンジー子どものエラー率に有意な差はみられなかった。

　次に，第2段階は抑制機能の指標となるが，チンパンジーは第1段階を通過したセッションのうち，44.4％しか第2段階を通過することができなかった。カイ二乗検定の結果，成体と子どもの通過率の間に有意差は

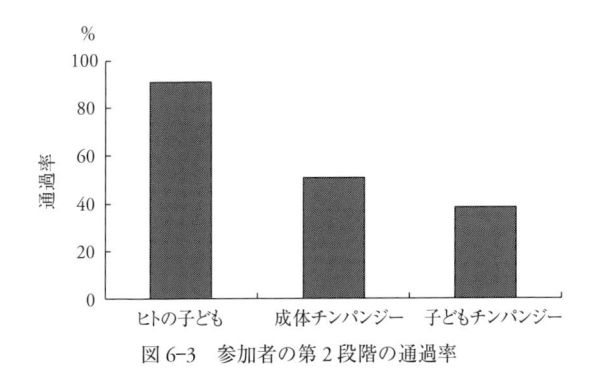

図6-3 参加者の第2段階の通過率

みられなかった。第2段階を通過したセッションで，課題到達に要した試行数は，平均で 13.5 試行であり，エラー率は，全体で平均 42.7％であった。t 検定の結果，チンパンジー成体とチンパンジー子どものエラー率に有意な差はみられなかった。

　実験6の主な目的は，ヒト5歳児とチンパンジーの抑制機能を比較することであった。そのため，ここでは第2段階での成績についてのみ検討した。まず，第1段階に通過したヒト5歳児は，ほとんど第2段階に通過したのに対して，チンパンジーは第2段階の通過に困難を示した（図6-3）。カイ二乗検定の結果，ヒト5歳児とチンパンジーの通過率の間に有意な差がみられた。ヒト5歳児の通過率は，成体チンパンジー，および子どものチンパンジーの両方よりも有意に高かった。また，第2段階に通過するために必要な試行数が種によって異なるかを検討した。t 検定の結果，第2段階を通過するのに要した試行には有意な差はみられなかった。

　これまでの分析でチンパンジーが第2段階の通過に困難を示すことが示されたが，彼らが通過できない理由として2つの可能性が考えられる。1つは，第2段階ではランダムにカードを分類してしまい，基準に到達しなかったというものである。もう1つは，第2段階では第1段階で用いたルールを抑制できなかったため，2つ目のルールを使用できなかったとするも

のである。もし前者であれば、第2段階におけるエラー率は、チャンスレベルであると予測される。しかし、もし後者が正しければ、エラー率はチャンスレベルよりも有意に高いと予測される。この2つの可能性を検討するため、1サンプルのt検定を用いて、第2段階に通過できなかったセッションのエラー率がチャンスレベル（50%）と異なるかどうかを検討した。まず、これらのセッションにおける第1段階のエラー率は、チャンスレベルよりも有意に低かった。第1段階は通過しているのであるから、そのエラー率が低かったのは当然のことである。一方、第2段階のエラー率(52.9%)、チャンスレベルよりも有意に高いことが示された。これらのセッションの第2段階では、チンパンジーは第1段階で用いたルールに影響されていることが示された。

6.6　抑制機能の進化

　本章では、ヒト以外の動物の抑制機能について議論をしてきた。しかしながら、ヒトと他種との比較研究があまりないこと、また、近縁種のチンパンジーの抑制機能を検討した研究が少ないことから、本章ではヒト5歳児とチンパンジーの抑制機能を直接的に比較した。以下、これまで得られている知見と実験6の結果を考えあわせて、総合的な考察を行う。

　実験6では、ヒト5歳児の抑制機能とチンパンジーの抑制機能を比較することを目的とした。そのため、ヒトの抑制機能の発達指標であるDCCS課題を修正して、両者の抑制機能を評価した。この課題では、第1段階ではルールを学習し、第2段階ではそのルールを抑制して別のルールを使用しなければならなかった。その結果、先行研究と同様にほとんどのヒト5歳児は、第2段階において、容易に第1段階で使用したルールを抑制することができた。一方、チンパンジーは、成体も子どもも、第2段階の通過が困難であることが示された。さらに、チンパンジーが第2段階

6.6 抑制機能の進化

に通過できないときは,第1段階で使用したルールを偶然よりも高い確率で使用していることも明らかとなった。これらの結果は,チンパンジーがこの課題においてルールを抑制することが困難であることを示している。

第1段階は,ルールを探索するためのフィードバック学習であった。この段階は,抑制機能とは関わりがない。この段階では,3割程度のヒト5歳児が困難を示した。しかしながら,第1段階を通過できた5歳児にとって,第2段階に通過することは容易であった。ルールを用いた課題であることを認識すると,そのルールを抑制し,別のルールを使用することはこの年齢の子どもにとっては難しいことではない (Zelazo et al., 1996)。

一方,チンパンジーにとっては,第1段階と同様に,第2段階も困難であった。チンパンジーは41%のセッションで第1段階を通過することができた。換言すると,そのセッションにおいては,それがルールを用いた課題であることを彼らは認識したのである。しかしながら,ルールを用いた課題であることに気づいたセッションにおいても,彼らは44%程度しか新しいルールを使用することができなかった。彼らが第1段階で検出し,使用したルールを抑制できなかったことが示唆される。

第2段階でも,第1段階と同様の試行錯誤学習が行われただけではないかと反論されるかもしれないが,第1段階と第2段階は質的に異なる。第1段階では,フィードバックしか手がかりがないが,第2段階に進んでいるということは,少なくとも,ルールを用いた課題であるということに気づいたことを意味している。問題は,ルール課題であることに気づきながらも,第2段階に通過できなかったのはなぜなかのかという点である。もしここでも試行錯誤学習をしているのであれば,第2段階に通過できなかったセッションのエラー率はチャンスレベルと変わらないはずである。しかしながら,第2段階に通過できなかったセッションのエラー率は,チャンスレベルよりも有意に高いことが示された。これらの結果により,少なくても部分的には,第2段階はチンパンジーにおいても抑制機能を評価し

ている，といえよう。

　実験6からは，チンパンジーのルールを抑制する能力がヒト5歳児よりも発達していない可能性が示された。1つの課題のみの結果では抑制機能の進化を議論するのは難しいため，今後も様々な課題を用いてこの可能性について検討していく必要があろう。

　6.1節でみてきたように，前頭前野は，ヒトに近い種ほど発達している（Fuster, 1997, 2002）。前頭前野と抑制機能が深く関連していることから，抑制機能は，ヒトに近い種ほど発達していると推測された。行動実験の結果は，この予測と概ね一致している。WCSTと類似したWGTAの属性間のシフトには，ヒトが20試行程度要するのに対して，旧世界ザルのアカゲザルは80試行程度，新世界ザルのコモンマーモセットは150試行程度必要であった（Roberts, 1996）。実験6で用いたDCCS課題は，これらの課題とは手続きや刺激が異なるため，直接の比較はできないものの，ヒト5歳児が第2段階を通過するのに要したのは10試行であったのに対して，チンパンジーは14試行であった。ヒトが子どもであったため，両者の成績には有意な差はみられなかったが（課題の通過率には有意な差がみられた），ヒトの成人を対象とした場合は有意な差がみられるであろう。これらの結果を考慮すると，チンパンジーの抑制機能は，ヒトと旧世界ザルであるアカゲザルとの間に位置づけられると考えられる。やはり，抑制機能は，ヒトに近い種ほど発達しているのかもしれない。

抑制機能の進化と心の理論

　抑制機能とは，ヒトにのみ備わっている能力ではなく，進化の中で漸次的に発達してきたものであると考えられる。しかしながら，ヒトとチンパンジーにおいて，全皮質に前頭前野が占める割合が著しく異なることや，実験6で示されたように，生後5年のヒトの子どもの抑制機能が，成体のチンパンジーよりも発達している可能性があることなどを考慮すると，

この2種の間に抑制機能が著しく発達した可能性が推測される。この能力の進化こそが，ヒトに特有な能力，特に，心の理論を含む社会的知性，の基盤にある可能性がある。ここでは，心の理論との関連について考察していく。

第2章で紹介したように，ヒトは，生後5年くらいまでに，心の理論を発達させる。生後2年くらいまでに他者の意図や欲求を理解し (Carpenter et al., 1998; Repacholi & Gopnik, 1997)，3歳ころまでに他者の知識状態を理解することができるようになる (Hogrefe et al., 1986; Sabbagh & Baldwin, 2001)。4，5歳ころには他者の信念，とりわけ誤信念を理解することができるようになる (Wellman et al., 2001; Wimmer & Perner, 1983)。他者の信念を理解するためには，自らの知識や信念を抑制しなければならない (Moses, 2001)。ここで，抑制機能が関わってくる。誤信念の理解には，5歳児程度の抑制能力が必要となってくる。

チンパンジーではどうか。他者の注意の状態 (Kaminski et al., 2004; Povinelli & Eddy, 1996) や目標 (Uller & Nichols, 2000)，または，意図 (Call et al., 2004; Call & Tomasello, 1998) や知識状態 (Tomasello et al., 2003) などについては感受性があるようである。しかしながら，他者の信念および誤信念を理解するのは困難であるらしい (Call & Tomasello, 1999)。

このような心の理論の種差についての知見と，実験6における抑制機能の種差を考慮すると，抑制機能の進化と，心の理論，とりわけ誤信念理解，の進化は，関連している可能性が推測される。第2章でみた，個体発生における両者の関係における論理を借りるのであれば，やはり，抑制機能が，心の理論の進化に影響を及ぼしたということになるであろうか。だとすれば，抑制機能は，発達的にも進化的にも，社会的知性の獲得に寄与していることになる。今後は，この考えの妥当性を検証するために，更なる知見を集める必要がある。

第7章

抑制機能の発達的意義

「あの時わたしが求めていたのは，……自分だけの世界を必要としなければならない心の中の軋轢や葛藤を，乗り越えることだった。……心の葛藤はいつも，自分で自分をコントロールするのを一時中断して他人と接触しなければならない時に，起こった。そして頑張ってコミュニケーションをしなければと思えば思うほど，葛藤は激しさを増していった。逆に，自分だけの世界にとどまって他人と距離を保つほど，物事の輪郭は，くっきりしてくるのだった。」

（ドナ・ウィリアムズ『自閉症だったわたしへ』p. 167）

　自閉症者のドナ・ウィリアムズはその自伝的著書『自閉症だったわたしへ』の中で以上のように語っている。われわれの世界は他者に満ちている。日常的に他者と接触し，相互作用をする。そのような中では，他者と接触することの認知的な負荷の高さなど忘れてしまうかもしれない。しかしながら，少なくとも自閉症者にとっては，社会的世界は認知的な負荷が高く，様々な認知的制御（つまりは実行機能や抑制機能）を必要とすることを，この本は示している。

第7章 抑制機能の発達的意義

　これまでの抑制機能に関する研究は，社会的世界，社会的文脈，および社会的状況の中での抑制機能，抑制制御についてほとんど焦点をあててこなかった。しかしながら，ドナ・ウィリアムズの著書や，第1章で述べたようにわれわれが他種と比べて高度な社会的知性を持っていることなどを考慮すると，社会的世界における抑制機能の意義に関する検討は急務である。本書では，第2章から第6章までで，社会的世界における抑制機能の発達的・進化的意義について検討してきた。本章では得られた知見を整理し，総合的な考察を行う。特に，抑制機能の発達的意義についてのモデルを提唱する。

7.1　得られた知見のまとめ

　本書では抑制機能の発達的意義についての議論をしてきた。これは，今までの研究にはなかった新しい視点である。序章や第1章で触れた通り，これまでの研究では，成人の研究でも発達的研究でも，実行機能のモデルの作成や神経基盤の推定ばかりに焦点があてられてきた。そして，発達的研究においては，それらの検討に加えて，発達経路の特定が中心課題であった。しかしながら，第1章で触れた通り，これらは成人を中心とした発達観であり，子どもを中心とした視点が欠けていた。子どもを中心とした見方の中でも，特に，子どもが抑制機能を発達させることで，外界や環境にいかに適応していくかという点が重要であると思われたため，本書では，抑制機能の発達的役割・発達的意義を明らかにすることを目的として検討を進めてきた。

　このような見方でこれまでの研究を捉えてみると，発達的研究に限らず，抑制機能に関わる研究は，ほぼ全て物理的な刺激を用いているという特徴が浮かび上がってきた。すなわち，主体が物理的刺激に直面したときに，いかに行動や思考を制御できるかという点ばかりが検討されてきたという

ことである．また，抑制機能が知性の発達にも関わるという可能性はこれまでの研究でも示されてきたが，それもほとんどが，Piaget の研究で強調されてきたような，物理的知性との関わりに焦点をあてたものであった（第1章参照）．しかしながら，われわれが社会的世界に住む，社会的動物であることを考慮すると，これだけでは不十分なことは明らかであり，社会的刺激を用いたり，社会的知性との関連を探るような，社会的世界における抑制機能の発達的役割・意義を議論する必要があると考えられる．

　本書ではまず，第1章において，就学前児の実行機能の定義をした．Miyake et al. (2000) のモデルと，就学前児を対象とした実験の結果，および Barkley (1997) や Diamond and Taylor (1996) の指摘を踏まえて，就学前児の実行機能は，抑制機能とワーキングメモリから構成されると定義した．本書ではこのうち，主に抑制機能に焦点をあてて論じてきた．

　第2章では，抑制機能が，心の理論や情動制御，道徳理解の発達と関連していることを示す研究を紹介した．因果の方向は未確定ながら，得られる知見を考慮すると，抑制機能がこれらの能力の発達に寄与している可能性が高い．これらに加え，筆者は抑制機能とコミュニケーション発達の関連を検討した．その結果，両者に有意な相関がみられた．

　第3章および第4章では，年少の子どもは他者の行動に過剰に反応するが，年長の子どもではそのような傾向がみられないことを示した．それに加え，年少の子どもは他者には影響を受けるが，他者以外のロボットやアンドロイド，幾何学図形などにはあまり影響を受けないことも明らかにした．

　第5章では，日本人幼児と西洋の幼児の抑制機能の発達パタンを比較した．2つの課題を用いて西洋の子どもの成績と比較した結果，基本的な発達パタンは類似しているものの，抑制機能の発達には，文化普遍的な側面と文化依存な側面があることが示唆された．

　第6章では，抑制機能の進化について考察した．前頭前野のサイズや行

動課題の成績を考慮して，ヒトに近い種ほど抑制機能が発達している可能性を示した。また，近縁種のチンパンジーと子どもの抑制機能を比較検討し，チンパンジーの抑制機能が5歳児よりも未発達である可能性が示された。

7.2 社会的世界における抑制機能の発達的意義

近年知見が蓄積されつつある抑制機能の発達研究において，とりわけ注目されてきたのが，抑制機能と心の理論の関連である。多くの研究者が，様々な方法を用いて，因果的な方向を推定している（Carlson & Moses, 2001; Moses, 2001; 小川, 2007; Sabbagh et al., 2006）。このような中，Zelazoは，実行機能が心の理論の発達や道徳理解，情動制御などの様々な側面と相関していることを指摘している（Zelazo et al., 2008）。しかしながら，社会的世界における抑制機能の発達的な意義を積極的に主張する研究者はほとんどいないのが現状である。

筆者は，社会的世界における抑制機能の発達的役割として2点を挙げたい。1点目は，抑制機能が子どもの社会的知性の獲得に寄与しているというものである。第2章より，抑制機能の発達が，心の理論，情動制御，道徳理解およびコミュニケーションの発達と関連していることが示された。ここから導かれる基本的な考えは，自分の行動や思考を抑制することによって，他者との相互作用に必要とされるスキル，つまり社会的知性の獲得が促進されるというものである。重要なのは，ヒト社会において必要とされる，ヒト特有の社会的知性の獲得に抑制機能の発達が寄与している可能性がある点である。誤信念の理解や道徳的行動などはヒトにおいて特有であり，ヒトの社会的世界で生き抜くには必須である。これらのことから，抑制機能の発達的意義とは，子どもが社会的知性を獲得することでより社会的世界に適応することであり，より社会的存在になることだと考えられ

る。

　2点目は，第3, 4, 5章より明らかとなった，抑制機能が発達することにより，他者の影響を受けなくなるというものである。年少の子どもは，他者（ほとんどが養育者だが）に対する信頼性は高く，その行動に過剰に反応してしまう。その結果，成人の行動に強く影響を受けたり（Itakura, 2001; Moriguchi & Itakura, 2005b），過剰に模倣したりする（Horner & Whiten, 2005）。年少の子どもにとって，他者の行動の模倣は優位な反応であると考えられる。とりわけ新奇な状況では，他者の行動を観察すると，その行動を模倣する傾向にあるのだろう。ところが，抑制機能の発達により，模倣だけではなく他者に対する過剰な反応（つまり，社会的感染）までもが消失していくのである。おそらくは，子どもが self-generated な行動を抑制するのと同様に，他者から誘発される行動，つまり others-proposed な行動を抑制できるようになるのではないか。興味深いことに，他者以外の行為者（ロボットなど）の行動には影響を受けないらしい。やはり，子どもが乳児の頃から培った，他者の行動への感受性が重要であると推察される。抑制機能がこのように作用することで，子どもの自他分離が促進され，確固たる自己を築くことができるのではないかと考えられる。

　このような主張は，医学者たちがその症例研究から導き出した結論と一致している。Lhemitte (1986) は，前頭葉損傷の患者が，検査者の行動の真似を抑制できない，と報告した。Shimomura and Mori (1998) も，前頭葉損傷患者と，アルツハイマー病患者を対象にした実験で，同様の報告をしている。このような報告を受けて，乳幼児は環境の刺激に対して何にでも反応してしまうが，前頭葉が発達することにより，それらの刺激への反応を抑制できるようになる，と考えられている（Tanaka et al., 2000）。

　筆者は，抑制機能が持つこれら2つの側面を同程度，子どもの発達にとって重要であると考えている。子どもは，社会的世界に適応するのと同時に，他者の過剰な影響を受けないようにして，自己を確立しなければならない。

151

第 7 章 抑制機能の発達的意義

```
              抑制機能
            ↙        ↘
```

知性	
社会	物理
心の理論 コミュニケーション 道徳	保存の課題 包含の課題

刺激への対処	
社会	物理
他者の行動	物理的刺激

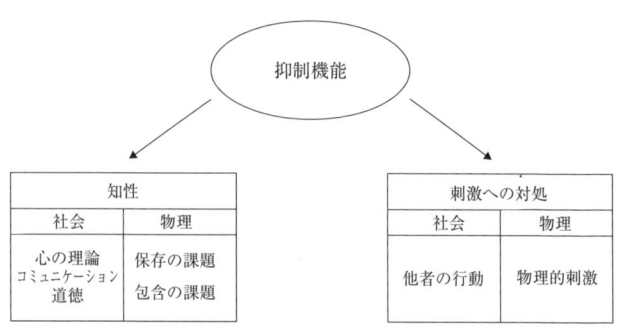

図 7-1　抑制機能の発達的意義に関するモデル

その過程では，両側面が並行して働くものと考えられる。しかしながら，どちらの側面が先かと問われるなら，筆者は前者であると答える。これについては，進化的な考察も必要になるため，7.3 節で詳述する。

　本書で得られた社会的世界における抑制機能の発達的役割・意義に関する知見と，これまでの研究で得られた物理的世界における発達的役割・意義に関する知見をあわせて，抑制機能の発達的役割・意義に関するモデルを構築できる（図 7-1）。このモデルによると，抑制機能は，物理的・社会的の 2 つの知性の発達に寄与することにより，ヒトは環境について知り，その環境に適応できるようになる。一方で抑制機能は物理的刺激や社会的刺激に惹起される行動や思考への対処を可能にする。そのため，ヒトは自己と環境とを切り離し，環境の中で自己を確立できるようになると考えられる。

7.3　社会的世界における抑制機能の進化的意義

　社会的世界における実行機能や抑制機能の進化的役割については，いくつかの理論が提唱されている。それらをレビューした後に，本書の主張を述べてみたい。

古くは，生殖行動や攻撃行動を制御するために抑制機能が進化したと考えられていた (Chancce, 1962; Fox, 1972; Stenhouse, 1974)。これらの研究によると，複雑な社会集団の中では，雌を取り合う際に，雄同士でしばしば争いが生じる。とりわけ，雌が発情期に入ると，攻撃的な争いが最も多くなるという (Chance & Mead, 1953)。このような中で，特に劣位の雄は，争いを避けるために，自らの生殖行動を抑える必要があり，抑制機能を進化させたということである。この理論に従えば，生殖行動以外にも様々な争いが生じるヒトの社会においては，抑制機能を著しく発達させる必要があったのかもしれない。また，Bjorklund and Kipp (1996) は，育児のために抑制機能が必要であったとしている。ヒトは特に幼児の期間が長いため，育児の期間も長くなる。育児の際には，感情を抑制する必要もあるであろうし，様々な行動制御が強いられることもある。そのため，特に女性において抑制機能が発達していることになるが，そのことを裏付ける証拠も報告されている (Silverman, 2003; Stevenson & Williams, 2000)。

近年は，抑制機能が，認知機能，とりわけ，社会的世界で必要となる認知機能の進化と関わっている可能性が指摘されている。Barkley (2001) は，抑制機能に限らず，実行機能の進化が，広範な社会能力の進化に寄与した可能性を指摘している。実証的な証拠はないが，特に，社会的交換などの互恵的利他行動，模倣，道具使用，コミュニケーション，および自己防御の5つに，ワーキングメモリや抑制機能が関わっているとしている。模倣を例にとると，特に遅延模倣の場合は，当該の状況で優位な反応を抑制し，過去に他者がどのような振る舞いをしたかについての表象を活性化させ，その表象に従って運動反応を組織化する必要があるという。自己防御に関しては，他者の言語の影響を防ぐことことに実行機能が寄与しているという。Barkley (2001) によると，歌鳥の歌が異性に薬物のような影響を与えるのと同様に，ヒトの言語も他者に影響を与える。その影響を防ぐためには言語的なワーキングメモリによる独語 (self-speech) が必要だという。

第7章　抑制機能の発達的意義

　また，Bjorklund et al. (2005) は，ヒトの子どもにおける実行機能と心の理論の関係と同様に (Carlson & Moses, 2001)，抑制機能や実行機能などの領域一般の能力が，心の理論などの領域固有 (Baron-Cohen, 1995) の社会的認知能力に影響を及ぼす可能性を示唆している。

　このように，実行機能および抑制機能の進化的役割に関する理論はこれまでにも提示されてきたが，それらを裏付ける実証的な証拠に関してはほとんど報告されていなかった。そこで，本書では，第6章で紹介した実験において，チンパンジーの抑制機能が，ヒト5歳児よりも発達していない可能性を示した。この結果が重要なのは，チンパンジーの社会的知性がヒト5歳児ほど発達していないとする証拠が，いくつか提示されているためである。特に筆者が着目したのは，心の理論である。Call and Tomasello (1999) は，ヒト5歳児が通過できる非言語誤信念課題に，チンパンジーが通過できないことを示している。この研究と，筆者の結果を併せると，抑制機能と心の理論が進化的にも関連していることが示唆される。個体発生の場合と同様に因果的な方向性については確定していないものの，Bjorklund et al. (2005) の示唆を受けて，筆者は，抑制機能を含めた実行機能の進化が，心の理論の進化に寄与した可能性もあると考えている。

　ここで述べたことは，7.2節の理論的な枠組みのうち，一方の側面，すなわち，抑制機能が社会的知性の発達に寄与するという考えと一致している。それでは，もう一方の側面，つまりは，抑制機能の社会的感染を防止するという役割についてはどうか。これについては未だ証拠がないため推測になるが，筆者は，進化的な役割にはこの側面は含まれないと考えている。この考えの前提となるのは，脳損傷患者や，年少の子どもにみられる，模倣などを含む他者に対する過剰な振る舞いである。ヒトが社会な動物であり，高度な社会的知性を有するために，このような現象がみられたのであろう。しかしながら，他の動物，特にヒトに近い霊長類が，他個体に対してこれほど高い感受性を持ちあわせているかとなると，疑問である。換

言すれば,ヒト以外においては,他個体に起因した行動,つまり others-propose な行動が,抑制する対象に含まれないのである。対象がないのだから,あえてこの側面のために抑制機能が進化する必要はあるまい。したがって,この側面を抑制機能の進化的役割と捉えるのはやや難しいと考えられる。

もっとも,前述のように,鳥類の中には,異性の歌に過剰に反応するものもいる。このような生殖と直結する行動は,ヒトの社会的感染と違い,幼体にみられるわけではないが,ヒト以外の種でも社会的感染と類似したような事象があることは否定できない。このような事象を踏まえた議論をするために,今後も様々な知見を考慮していく必要があると思われる。

抑制機能の進化的意義と発達的意義を総合して捉えると,現在のところ,以下のようになるであろう。ヒトは,抑制機能を進化させることにより,社会的世界に対応できる心の理論などの高度な社会的知性を手にいれた。それは,ヒトの個体発生の中で就学前の時期に著しく発達するようになった。しかしながら,ヒトは社会的知性を高度に発達させたため,ある側面では過剰に社会的になりすぎてしまった。その結果,他者の行動を過剰に模倣したり,他者の行動に過剰に影響を受けたりするようになってしまったため,他者と自己とを切り離す必要が生じた。そこで,別の側面で機能していた抑制機能が,それらの影響を抑制するために関与するようになった。そのため,3歳から5歳の間に過剰な模倣傾向などが消失するようになったのである。

7.4 子どもの社会的感染に関する進化発達的考察

第3章でみたように,年少の子どもは社会的感染を受ける。この点について,進化発達心理学的な視点から考えてみたい。

進化心理学とは,ヒトの精神活動も,進化の中で,自然淘汰や性淘汰な

どの過程を通じて形成されたという立場からヒトの心理を解析しようとする学問である。これまでの進化心理学的研究は，主に，配偶者選択 (Buss, 1995) や互恵的利他行動 (Cosmides & Tuby, 1992) などに焦点をあてていたが，個体の発達についてはあまり関心が持たれてこなかった。そのような中で，Bjorklund and Pellegrini (2000, 2002) は，様々な淘汰圧は個体発生のどの時点にもかかりうるものであり，乳児や幼児が備えるいくつかの特質は，成人期のためではなく，その時点に適応するように進化の中で選択されてきたのだとして，進化発達心理学を提唱した。それらの適応の例として，彼らは子どもにみられる遊びや自尊心の高さを挙げる。例えば，子どものメタ認知能力の低さは，子どもに自分の能力を過信させることにより，広範な活動への挑戦を促す (Bjorklund, Gaultney, & Green, 1993)。また，乳児においてワーキングメモリの容量が制限されていることは，言語獲得を促進するとされている。ワーキングメモリの容量が少ないということは，一度に処理できる情報の量が少ないことを意味する。そのため，発達初期では複雑な言語のうち，最も単純な音素程度しか処理ができない。しかしながら，単純な音素を，複雑な文などよりも先に処理することは，最終的には言語獲得を容易にするらしい。このことは，シミュレーション実験によって確認されている (Elman, 1994)。さらに，発達早期には行動的・認知的可塑性が大きい (Bjorklund & Pellegrini, 2000) ことも，この理論を支持することになるであろう。

　第3章で明らかにした社会的感染およびその消失 (5歳ころで影響を受けなくなること) も，進化発達心理学的な視点から説明できるかもしれない。年少の乳児にとって，他者の行動を模倣したり，他者の行動を参照したりすることは，適応的なことである。例えば新奇な状況では，乳児の自らの行動は非効率であることも多く，ときには危険に繋がることもあろう。それよりは，養育者などの他者の行動を参照した方が，効率的かつ安全であると考えられる。「社会的感染」には適応的な意味があるのである。しか

しながら，3歳から4歳にかけては，繰り返し述べている通り，子どもの社会に劇的な変化がみられる。多くの他者に出会い，広大な社会を形成する。いつも他者の行動を参照したり，模倣したりすることが正しいとは限らない。そのような中で「感染」されてばかりいると，不利益が生じることもあるであろう。周りの他者に影響されない，確固たる自己を構築する必要がある。抑制機能の発達によって社会的感染を防ぐことは，非常に適応的な戦略なのである。

7.5　抑制機能に関する研究の限界と可能性

　本書で得られた成果を総括する前に，抑制機能に関する研究の「限界」についても触れておこう。筆者が，2010年の『ベビーサイエンス』誌に抑制機能についての論文を寄稿した際，誌上デスカッションにおいて，前原氏に「抑制機能への過信」というコメントをいただいた (前原, 2010; 森口, 2010b)。前原 (2010) によれば，「多彩な場面でその価値を遺憾なく発揮するようにみえる抑制機能だが，それは人間の行動を"本当は"どこまで説明しうるのか」(pp. 40-41) と述べ，研究者の抑制機能への過信を戒めている。彼は，例として，抑制機能がADHDや自閉症などの発達に関わる障害を説明できるとする知見がある一方で，それほど関連が強くないことを示す知見が存在する点を挙げる (詳しくは第1章参照)。前原に対する返答として，筆者も「あるゆる事象を説明できるように思えた概念が，結局のところ何も説明したことになっていなかった，というのは研究の世界ではしばしばみられることである」(p. 42) と述べ，近年の発達心理学や認知心理学において，十分や省察や理論的背景がないまま抑制機能を説明概念として使用する研究が増加していることに対する警鐘を鳴らしている。
　もちろん抑制機能が，人間の行動や発達を説明するための，重要な概念であることは間違いない。しかしながら，あらゆる事象を説明可能な「万

能」な概念ではないことも明らかである。この点に留意しながら，本書で得られた成果を整理しておこう。

　これまでの研究では，主に物理的世界における抑制機能の発達的役割に関心が向けられてきた。ヒトは抑制機能を発達させることで，外界における多様な物理的な刺激に対処できるようになり，物理的知性を発達させることができた。しかしながら，ヒトが社会的知性や社会的世界を高度に発達させていることを考慮すると，社会的世界においても抑制機能の発達は重要な役割を持っていると考えられた。本書での理論的および実証的検討の結果，抑制機能の発達は，社会的知性の獲得と，社会的感染の防止に寄与している可能性が示された。

　これらをまとめると，抑制機能という領域一般の能力の発達は，物理的・社会的知性の発達に寄与することで，環境への適応を可能にしたと考えられる。その一方で，物理的・社会的刺激に対する行動や思考を抑制することで，環境と自己とを切り離し，より高次な意味での環境への適応を可能にしたのかもしれない。

　本書での主張を受けて，抑制機能に関する研究の可能性について考えてみたい。筆者が最も重要だと考えるのが，抑制機能の発達や社会性の発達に困難を抱える子どもたちへの応用や療育への寄与である。第5章で触れた通り，近年は幼児を対象とした抑制機能の訓練研究が非常に注目を集めている。最近では，幼児教育学者のMontessoriが提唱した教育方法（モンテッソーリ教育）が抑制機能の発達に効果があることが示されている。モンテッソーリ教育は，子どもを中心に据えた幼児教育の方法であり，特に子どもの自発的な活動を重要視する。具体的な方法としては，縦割りクラスなどの特徴がある（Montessori, 1964）。Lillard and Else-Quest（2006）は，このモンテッソーリ教育を施した子どもと別の方法を施した子どもを比べた際に，前者の方が抑制機能課題を含む複数の課題において成績が高いことを示した。また，発達心理学者のVygotskyの理論にもとづいた訓練も

抑制機能の発達に効果があることが示されている。Vygotskyは，社会や文化が子どもの認知発達に及ぼす影響を強調し，対人間の交流によって自己制御（抑制機能と関わる）が促進されると主張した（Vygotsky, 1962）。具体的には，他者との交流の中で，子どもが注意や記憶を補助するための外的装置の利用方法を教えられたり，自己制御のための独り言の使用を教えられたりすることなどを指す。Diamond et al.（2007）は，これらに焦点をあてたカリキュラム（Tools of the Mind: Bodrova & Leong, 2006）が，幼児の抑制機能課題の成績を向上させることを示している。それ以外にもヨガにもとづいたトレーニング方法やコンピュータ上でトレーニングする方法など、北米を中心に様々な研究が進展している。これらの方法は，長期的な評価はまだなされていないものの，少なくとも短期的には幼児の抑制機能を向上させることができる（詳しくは，Diamond and Lee（2011）のレビューを参照）。

　これらの訓練は，子どもたちの発達にどのような影響を与えるだろう。これまでの研究では，本書の枠組みでいうと，物理的刺激への対処に対する効果しか検討されていない。つまり，様々な訓練によって，子どもは物理的刺激に対する行動を抑制できるようになることが示されてきた。ここに本書の枠組みを導入すると，抑制機能のトレーニングはより明確な意義を持ちうる。刺激への対処という面で考えると，上述の様々なトレーニングは，子どもの社会的刺激への対処に対しても影響を及ぼすかもしれない。社会的感染でみられるように，他者の行動に影響を受けやすかった子どもが，トレーニングによって他者の行動からの影響を受けにくくなるということがありうる。このような影響は，7.2節で述べたように，子どもの自己の発達に重要な寄与をしうるだろう。

　より実践的な意義を持つのは，抑制機能の発達が，幼児の物理的・社会的知性の獲得を促進するという側面である。例えば，物理的な知性との関連だと，幼児期の抑制機能課題の成績は，小学校入学時の算数の成績を予測することが知られている（Blair & Razza, 2007）。また，社会的知性との関

連だと，抑制機能は心の理論やコミュニケーションスキルと関連している（第2章参照）。これらを考慮すると，抑制機能のトレーニング研究は，抑制機能そのものを向上させるだけでなく，先述のような様々な知性の発達を促進することも期待される。社会性の発達や学習に困難を抱える子どもに対して，早期から抑制機能に訓練を施すことで，支援が可能になるかもしれない。

　しかしながら，非常に残念なことに，わが国ではこのような取り組みはほとんど進んでいないのが現状である。わが国でも，抑制機能の発達に問題を抱える子ども，社会性の発達に問題を抱える子ども，学習に問題を抱える子どもは多数存在する。他国で成果をあげた訓練方法が必ずしもわが国で同様の成果をあげるとは限らないので，わが国に適した方法を探索し，子どもたちへの支援へと繋げていかねばならないだろう。

　この点と関連して，今後重要になってくるのが乳児期の研究である。第1章で述べた通り，乳児を対象にした研究は近年増えつつあるが，まだその数は十分ではない。乳児期の研究と，研究が豊富な幼児期や児童期の研究とをあわせ，早期からの抑制機能の発達経路を明らかにすることが急務である。それらの発達経路を解明することで，抑制機能や社会性の発達に困難を抱える子どもが，いつ・どの時点でそれらの困難を抱えるようになるかが明らかになる。早期から訓練すればするほど，その効果は大きいと考えられるため，より効果的な支援に繋がっていくであろう。

　今後も抑制機能に関する研究は増加していくことが予想されるが，先に述べたように，抑制機能は，あらゆる事象を説明可能な「万能」な概念ではない。それだけに，抑制機能の理論的背景について常に留意しながら研究を進め，その一方で，その理論的枠組みそのものへの検討も大いになされることを切に願う。

引用文献

American Psychiatric Association (2000). *Diagnostic and Statistical Manual of Mental Disorders: DSM B IV* (4th edition, text revision). Washington, DC: American Psychiatric Association.

Amsterdam, B. (1972). Mirror self-image reactions before age two. *Developmental Psychobiology, 5*, 297−305.

Anderson, J. R. (1984). The development of self-recognition: A review. *Developmental Psychobiology, 17*, 35−49.

Anderson, P. (2002). Assessment and development of executive function (EF) during childhood. *Child Neuropsychology, 8*, 71−82.

Anderson, J. R., Awazu, S., & Fujita, K. (2000). Can squirrel monkeys (*Saimiri sciureus*) learn self-control? A study using food array selection tests and reverse-reward contingency. *Journal of Experimental Psychology: Animal Behavior Processes, 26*, 87−97.

Anderson, D. R., & Pempek, T. A. (2005). Television and very young children. *American Behavioral Scientist, 48*, 505−522.

Archibald, S. J. (2001). *Physical Overactivity in Children with ADHD: Utilization Behavior*, Doctoral Dissertation, University of Victoria, Victoria, BC, Canada.

Archibald, S. J., Mateer, C. A., & Kerns, K. A. (2001). Utilization Behavior: Clinical Manifestations and Neurological Mechanisms. *Neuropsychology Review, 11*, 117−130.

Arita, A., Hiraki, K., Kanda, T., & Ishiguro, H. (2005). Can we talk to robots? Ten-month-old infants expected interactive humanoid robots to be talked to by persons. *Cognition, 95*, B45−B57.

Awh, E., Smith, E. E., & Jonides, J. (1995). Human rehearsal processes and the frontal lobes: PEF evidence. In J. Grafman, K. J. Holyoak, & F. Boller (Eds.), *Annals of the New York Academy of Sciences, 769*, 97−117.

Baddeley, A. D. (1986). *Working Memory*. New York: Oxford University Press.

Baddeley, A. D. (1996). Exploring the central executive. *Quarterly Journal of Experimental Psychology, 49A*, 5−28.

Banerjee, R., & Yuill, N. (1999). Children's understanding of self-presentational display rules: associations with mental-state understanding. *British Journal of Developmental Psychology, 17*, 111−124.

Barkley, R. A. (1997). Behavioral inhibition, sustained attention, and executive functions:

Constructing a unifying theory of ADHD. *Psychological Bulletin, 121*, 65–94.

Barkley, R. A., (2001). The executive function and self-regulation: An evolutionary neuropsychological perspective. *Neuropsychology Review, 11*, 1–29.

Barkley, R. A., Grodzinsky, G., & DuPaul, G. (1992). Frontal lobe functions in attention deficit disorder with and without hyperactivity: A review and research report. *Journal of Abnormal Child Psychology, 20*, 163–188.

Baron-Cohen, S. (1995). *Mindblindness: An Essay on Autism and Theory of Mind.* Cambridge, MA: MIT Press.

Baron-Cohen, S., Leslie, A. M., & Frith, U. (1985). Does the autistic child have a 'theory of mind'? *Cognition 21*, 37–46.

Barr, R., Dowden, A., & Hayne, H. (1996). Developmental changes in deferred imitation by 6-to 24-month-old infants. *Infant Behaviour and Development, 19*, 159–170.

Beauregard, M., Lévesque, J., & Bourgouin, P. (2001). Neural correlates of conscious self-regulation of emotion. *Journal of Neuroscience, 21*, 165.

Bedard, A. C., Nichols, S., Barbosa, J. A., Schachar, R., Logan, G. D., & Tannock, R. (2002). The development of selective inhibitory control across the life span. *Developmental Neuropsychology, 21*, 93–111.

Behne, T., Carpenter, M., Call, J., & Tomasello, M. (2005). Unwilling versus unable? Infants' understanding of intentional action. *Developmental Psychology, 41*, 328–337.

Bell, M. A., & Fox, N. A. (1992). The relations between frontal brain electrical activity and cognitive development during infancy. *Child Development, 63*, 1142–1163.

Bench, C., Frith, C., Grasby, P., Friston, K., Paulesu, E., Frackowiak, R., & Dolan, R. (1993). Investigations of the functional anatomy of attention using the stroop test. *Neuropsychologia, 31*, 907–922.

Bennetto, L., Pennington, B. F., & Rogers, S. J. (1996). Intact and impaired memory functionsin autism. *Child Development, 67*, 1816–1835.

Bialystok, E. (1999). Cognitive complexity and attentional control in the bilingual mind. *Child Development, 70*, 636–644.

Bialystok, E., & Martin, M. M. (2004). Attention and inhibition in bilingual children: Evidence from the dimensional change card sort task. *Developmental Science, 7*, 325–339.

Biro, S., & Leslie, A. M. (2007). Infants' perception of goal-directed actions: development through cue-based bootstrapping. *Developmental Science, 10*, 379–398.

Bjorklund, D. F., Cormier, J. S., & Rosenberg, M. A. (2005). The evolution of theory of mind:

big brains, social complexity, and inhibition. In W. Schneider, R. Schumann-Hengsteler, & B. Sodian (Eds.), *Young Children's Cognitive Development: Interrelationships among Executive Functioning, Working Memory, Verbal Ability, and Theory of Mind* (pp. 147–174). Mahwah, NJ: Erlbaum.

Bjorklund, D. F., Gaultney, J. F., & Green, B. L. (1993). "I watch therefore I can do:" The development of meta-imitation over the preschool years and the advantage of optimism in one's imitative skills. In R. Pasnak & M. L. Howe (Eds.), *Emerging Themes in Cognitive Development, Vol. II: Competencies* (pp. 79–102). New York: Springer-Verlag.

Bjorklund, D. F., & Kipp, K. (1996). Social cognition, inhibition, and theory of mind: The evolution of human intelligence. In R. J. Sternberg & J. C. Kaufman (Eds.), *The Evolution of Intelligence* (pp. 27–53). Mahwah, NJ: Lawrence Erlbaum Association.

Bjorklund, D. F., & Pellegrini, A. D. (2000). Child development and evolutionary psychology. *Child Development, 71*, 1687–1708.

Bjorklund, D. F., & Pellegrini, A. D. (2002). *The Origins of Human Nature: Evolutionary Developmental Psychology*. Washington, D. C.: American Psychological Association.

Blair, C., & Razza, R. P. (2007). Relating effortful control, executive function, and false belief understanding to emerging math and literacy ability in kindergarten. *Child Development, 78*, 647–663.

Bodrova, E., & Leong, D. J. (2006). Vygotskian perspectives on teaching and learning early literacy. *Handbook of Early Literacy Research, 2*, 243–256.

Boysen, S. T., & Berntson, G. G. (1995). Responses to quantity: Perceptual vs. cognitive mechanisms in chimpanzees (*Pan troglodytes*). *Journal of Experimental Psychology: Animal Behavior Processes, 21*, 83–86.

Boysen, S. T., Berntson, G. G., Hannan, M. B., & Cacioppo, J. T. (1996). Quantity-based inference and symbolic representations in chimpanzees (*Pan troglodytes*). *Journal of Experimental Psychology: Animal Behavior Processes, 22*, 76–86.

Brooks, P. J., Hanauer, J. B., Padowska, B., & Rosman, H. (2003). The role of selective attention in preschoolers' rule use in a novel dimensional card sort. *Cognitive Development, 18*, 195–210.

Brown, R. (1973). *A First Language: The Early Stages*. Cambridge, MA.: Harvard University Press.

Bruck, M., Ceci, S. J., & Melnyk, L. (1997). External and internal sources of variation in the creation of false reports in children. *Learning and Individual Differences, 9*, 289–316.

Burgess, P. W. (1997). Theory and methodology in executive function research. In P. Rabbit (Ed.), *Methodology of Frontal and Executive Function* (pp. 81–116). Hove: Psychology Press.

Buss, D. M. (1995). Evolutionary psychology. *Psychological Inquiry, 6*, 1–30.

Butters, N., Butter, C. M., Rosen, J., & Stein, D. (1973). Behavioral effects of sequential and one-stage ablations of orbital prefrontal cortex in the monkey. *Experimental Neurology, 39*, 204–14.

Butterworth, G., & Jarrett, N. (1991). What minds have in common is space—spatial mechanisms serving joint visual-attention in infancy. *British Journal of Developmental Psychoology, 9*, 55–72.

Byrne, R. W. (1995). *The Thinking Ape: Evolutionary Origins of Intelligence*. Oxford; Oxford University Press.

Call, J., Carpenter, M., & Tomasello, M. (2005). Copying results and copying actions in the process of social learning: chimpanzees (*Pan troglodytes*) and human children (*Homo sapiens*). *Animal Cognition, 8*, 151–163.

Call, J., Hare, B., Carpenter, M., & Tomasello, M. (2004). 'Unwilling' versus 'unable': Chimpanzees' understanding of human intentional action. *Developmental Science, 7*, 488–498.

Call, J., & Tomasello, M. (1998). Distinguishing intentional from accidental actions in orangutans (*Pongo pygmaeus*) chimpanzees (*Pan troglodytes*) and human children (*Homo sapiens*). *Journal of Comparative Psychology, 112*, 192–206.

Call, J., & Tomasello, M. (1999). A nonverbal false belief task: The performance of children and great apes. *Child Development, 70*, 381–395.

Callaghan, T., Rochat, P., Lillard, A., Claux, M. L., Odden, H., Itakura, S., Tampanya, S., & Singh, S. (2005). Synchrony in the onset of mental state reasoning: Evidence from 5 cultures. *Psychological Science, 16*, 378–384.

Carlson, S. M. (2005). Developmentally sensitive measures of executive function in preschool children. *Developmental Neuropsychology, 28*, 595–616.

Carlson, S. M., Davis, A. C., & Leach, J. G. (2005). Less is more: Executive function and symbolic representation in preschool children. *Psychological Science, 16*, 609–616.

Carlson, S. M., Mandell, D. J., & Williams, L. (2004). Executive function and theory of mind: Stability and prediction from ages 2 to 3. *Developmental Psychology, 40*, 1105–1122.

Carlson, S. M., & Meltzoff, A. N. (2008). Bilingual experience and executive functioning in young children. *Developmental Science, 11*, 282–298.

Carlson, S. M., & Moses, L. J. (2001). Individual differences in inhibitory control and children's theory of mind. *Child Development, 72*, 1032–1053.

Carlson, S. M., Moses, L. J., & Breton, C. (2002). How specific is the relation between executive function and theory of mind? Contributions of inhibitory control and working memory. *Infant and Child Development, 11*. 73–92.

Carlson, S. M., Moses, L. J., & Hix, H. R. (1998). The role of inhibitory processes in young children's difficulties with deception and false belief. *Child Development, 69*, 672–691.

Carlson, S. M., & Wang, T. (2007). Inhibitory control and emotion regulation in preschool children. *Cognitive Development, 22*, 489–510.

Carpenter, M., Akhtar, N., & Tomasello, M. (1998). Fourteen through 18-month-old infants differentially imitate intentional and accidental actions. *Infant Behavior and Development, 21*, 315–330.

Carpenter, M., Call, J., & Tomasello, M. (2005). 12- and 18-month-olds copy actions in terms of goals. *Developmental Science, 8*, F13–20.

Carvajal, H. H., Parks, J. P., Logan, R. A., & Page, G. L. (1992). Comparisons of the IQ and vocabulary scores on Wechsler Preschool and Primary Scale Intelligence-Revised and Peabody Picture Vocabulary Test-Revised. *Psychology in the Schools, 29*, 22–24.

Casey, B. J., Trainor, R., Orendi, J., Schubert, A., Nystrom, L. E., Giedd, J., et al. (1997). A developmental functional MRI study of prefrontal activation during performance of a go-no-go task. *Journal of Cognitive Neuroscience, 9*, 835–47.

Ceci, S. J., & Bruck, M. (1993). Suggestibility of the child witness: A historical review and synthesis. *Psychological Bulletin, 113*, 403–439.

Chance, M. R. A. (1962). Social behaviour and primate evolution. In M. E A. Montagu (Ed.), *Culture and the Evolution of Man* (pp. 84–130). New York: Oxford University Press.

Chance, M. R. A., & Mead, A. P. (1953). Social behavior and primate evolution. *Symposium of the Society for Experimental Biology, 7*, 395–439.

Chang, F. M., Kidd, J. R., Kivak, K. J., Pakstis, A. J., & Kidd, K. K. (1996). The world-wide distribution of allele frequencies at the human dopamine D4 receptor locus. *Human Genetics, 98*, 91–101.

Chasiotis, A., Kiessling, F., Hofer, J., & Campos, D. (2006). Theory of mind and inhibitory control in three cultures: Conflict inhibition predicts false belief understanding in Germany, Costa Rica and Cameroon. *International Journal of Behavioral Development, 30*, 249–260.

Chen, S., & Miyake, K. (1986). Japanese studies of infant development. In H. Stevenson, H. Azuma, & K. Hakuta (Eds.), *Child Development and Education in Japan* (pp. 135–146). New York: W. H. Freeman.

Cole, K., & Mitchell, P. (2000). Siblings in the development of executive control and a theory of mind. *British Journal of Developmental Psychology, 18*, 279–295.

Cosmides, L., & Tooby, J. (1992). Cognitive adaptations for social exchange. In J. Barkow, L. Cosmides, & J. Tooby (Eds.), *The Adapted Mind: Evolutionary Psychology and the Generation of Culture*. New York: Oxford University Press.

Crichton, M. T., & Lange-Küttner, C. (1999). Animacy and propulsion in infancy: tracking, waving and reaching to self-propelled and induced moving objects. *Developmental Science, 2*, 318–324.

Davidson, R. J., Putnam, K. M., & Larson, C. L. (2000). Dysfunction in the neural circuitry of emotion regulation: a possible prelude to violence, *Science, 289*, 591–594.

Davis, E. P., Bruce, J., Snyder, K., & Nelson, C. (2003). The X-trials: Neural correlates of an inhibitory control task in children and adults. *Journal of Cognitive Neuroscience, 13*, 432–443.

Davis, H. L., & Pratt, C. (1996). The development of children's theory of mind: The working memory explanation. *Australian Journal of Psychology, 47*, 25–31.

Decamp, E., & Schneider, J. S. (2004). Attention and executive function deficits in chronic low-dose MPTP-treated non-human primates. *European Journal of Neuroscience, 20*, 1371–1378.

Dempster, F. N. (1992). The rise and fall of the inhibitory mechanism: Toward a unified theory of cognitive development and aging. *Developmental Review, 12*, 45–75.

Dennett, D. C. (1978). Beliefs about beliefs. *Behavioral Brain Science, 1*, 568–570.

Dennis, M., Barnes, M. A., Donnelly, R. E., Wilkinson, M., & Humphreys, R. P. (1996). Appraising and managing knowledge: Metacognitive skills after childhood head injury. *Developmental Neuropsychology, 12*, 77–104.

Diamond, A. (1985). The development of the ability to use recall to guide action, as indicated by infants' performance on A-not-B. *Child Development, 56*, 868–883.

Diamond, A. (1990). Developmental time course in human infants and infant monkeys, and the neural bases of inhibitory control in reaching. *Annals of the New York Academy of Sciences, 608*, 637–676.

Diamond, A. (1991). Neuropsychological insights into the meaning of object concept development. In S. Carey & R. Gelman (Eds.), *The Epigenesis of Mind: Essays on Biology and Cognition* (pp. 67–110). Hillsdale, NJ: Lawrence Erlbaum Associates.

Diamond, A. (2002). Normal development of prefrontal cortex from birth to young adulthood: Cognitive functions, anatomy, and biochemistry. In D. T. Stuss & R. T. Knight (Eds.), *Principles of Frontal Lobe Function* (pp. 466–503). New York: Oxford University Press.

Diamond, A., Barnett, W. S., Thomas, J., & Munro, S. (2007). Preschool program improves cognitive control, *Science, 318*, 1387–1388.

Diamond, A., & Goldman-Rakic, P. S. (1989). Comparison of human infants and rhesus monkeys on Piaget's A-not-B task: Evidence for dependence on dorsolateral prefrontal cortex. *Experimental Brain Research, 74*, 24–40.

Diamond, A., & Lee, K. (2011). Interventions shown to Aid Executive Function Development in Children 4–12 Years Old. *Science, 333*, 959–964.

Diamond, A., Prevor, M. B., Callender, G., & Druin, D. P. (1997). Prefrontal cortex cognitive deficits in children treated early and continuously for PKU. *Monographs of the Society for Research in Child Development, 62* (4, Serial No. 252).

Diamond, A., & Taylor, C. (1996). Development of an aspect of executive control: Development of the abilities to remember what I said and to "Do as I say, not as I do". *Developmental Psychobiology, 29*, 315–334.

Dowsett, S., & Livesey, D. J. (2000). The development of inhibitory control in pre-school children: Effects of 'executive skills" training. *Developmental Psychobiology, 36*, 161–174.

Duffy, S., Toriyama, R., Itakura, S., & Kitayama, S. (2009). Development of cultural strategies of attention in North American and Japanese children. *Journal of Experimental Child Psychology*, 102, 351–359.

Duncan, J. (1986). Disorganisation of behaviour after frontal lobe damage. *Cognitive Neuropsychology, 3*, 271–290.

Dunn, J., & Hughes, C. (2001). 'I got some swords and you're dead!': Violent fantasy, anti-social behavior, friendship, and moral sensibility in young children. *Child Development*, 72, 491–505.

Durston, S., Thomas, K. M., Yang, Y. H., Ulug, A. M., Zimmerman, R. D., & Casey, B. J. (2002). A neural basis for the development of inhibitory control. *Developmental Science, 5*, F9–F16.

Eimer, M. (1993). Effects of attention and stimulus probability on ERPs in a Go/Nogo task. *Biological Psychology, 35*, 123–138.

Eisenberg, N., Fabes, R. A., Murphy, M., Maszk, P., Smith, M., & Karbon, M. (1995). The role of emotionality and regulation in children's social functioning. *Child Development, 66*, 1239−1261.

Eisenberg, N., Fabes, R. A., Shepard, S. A., Murphy, B. C., Guthrie, I. K., & Jones, S., et al. (1997). Contemporaneous and longitudinal prediction of children's social functioning from regulation and emotionality. *Child Development, 68*, 642−664.

Elman, J. L. (1994). Implicit learning in neural networks: The importance of starting small. In: C. Umilta & M., Moscovitch (Eds.), *Attention and Performance XV: Conscious and Nonconscious Information Processing* (pp. 861−888). Cambridge, MA: MIT Press.

Epstein, H. T. (1986). Stages in human brain development. *Developmental Brain Research, 30*, 114−119.

Esbensen, B. M., Taylor, M., & Stoess, C. (1997). Childen's behavioral understanding of knowledge acquisition. *Cognitive Development, 12*, 53−84.

Eskes, G. A., Bryson, S. E., & McCormick, T. A. (1990). Comprehension of concrete and abstract words in autistic children. *Journal of Autism and Developmental Disorders, 20*, 61−73.

Eslinger, P. J., Biddle, K. R., & Grattan, L. M. (1997). Cognitive and social development in children with prefrontal cortex lesions. In G. R. Lyon & N. A. Krasnegor (Eds.), *Attention, Memory, and Executive Function* (pp. 295−335). Baltimore, MD: Paul Brookes Publishing Co..

Falkenstein, M., Hoormann, J., & Hohnsbein, J. (1999). ERP components in Go/Nogo tasks and their relation to inhibition. *Acta Psychologica, 101*, 267−291.

Fantz, R. L. (1961). The origin of form perception. *Scientific American., 204*, 66−72.

Faraone, S. V., Doyle, A. E., Mick, E., & Biederman, J. (2001). Meta analysis of the association between the 7−repeat allele of the dopamine D(4) receptor gene and attention deficit hyperactivity disorder. *American Journal of Psychiatry, 158*, 1052−1057.

Filipek, P. A., Semrud-Clikeman, M., Steingard, R. J., Renshaw, P. F., Kennedy, D. N., & Biederman, J. (1997). Volumetric MRI analysis comparing subjects having attention-deficit hyperactivity disorder with normal controls. *Neurology, 48*, 589−601.

Fisk, J. E., & Sharp, C. A. (2004). Age-related impairment in executive functioning: Updating, inhibition, shifting, and access. *Journal of Clinical and Experimental Neuropsychology, 26*, 874−890.

Fletcher, J. M., Brookshire, B. L., Landry, S. H., Bohan, T. P., Davidson, K. C., et al. (1996).

Attentional skills and executive functions in children with early hydrocephalus. *Developmental Neuropsychology, 12*, 53-76.

Fletcher, P. C., Happé, F., Frith, U., Baker, S. C., Dolan, R. J., Frackowiak, R. S. J., & Frith, C. D. (1995). Other minds in the brain: a functional imaging study of 'theory of mind' in story comprehension. *Cognition, 44*, 283-296.

Flynn, E., O'Malley, C., & Wood, D. (2004). A longitudinal, microgenetic study of the emergence of false belief understanding and inhibition skills. *Developmental Science, 7*, 103-115.

Fox, R. (1972). Alliance and constraint: Sexual selection and the evolution of human kinship systems. In B. Campbell (Ed.), *Sexual Selection and the Descent of Man 1871-1971* (pp. 282-331). Chicago: Aldine.

Frith, U., & Frith, C. D. (2003). Development and neurophysiology of mentalizing. *Philosophical Transactions of The Royal Society Series B, 358*, 459-473.

Fritzley, V. H., & Lee, K. (2003). Do young children always say yes to yes-no question? A metadevelopmental study of the affirmation bias. *Child Development, 74*, 1297-1313.

Frye, D., Zelazo, P. D., & Palfai, T. (1995). Theory of mind and rule-based reasoning. *Cognitive Development, 10*, 483-527.

Fu, G., & Lee, K. (2007). Social grooming in the kindergarten: the emergence of flattery behavior. *Developmental Science, 10*, 255-265.

船橋新太郎（2005）．前頭葉の謎を解く．京都大学学術出版会．

藤田和生（1998）．比較認知科学への招待：「こころ」の進化学．ナカニシヤ出版．

藤田和生（2007）．動物たちのゆたかな心．京都大学学術出版会．

Fuster, J. M. (1997). *The Prefrontal Cortex—Anatomy Physiology, and Neuropsychology of the Frontal Lobe*. Philadelphia: Lippincott-Raven.

Fuster, J. M. (2002). Frontal lobe and cognitive development. *Journal of Neurocytology, 31*, 373-385.

Gallagher, H. L., & Frith, C. D. (2003). Functional imaging of "theory of mind." *Trends in Cognitive Sciences, 7*, 77-83.

Garon, N., Bryson, S. E., & Smith, I. M. (2008). Executive function in preschoolers: A review using an integrative framework. *Psychological Bulletin, 134*, 31-60.

Gergely, G., Bekkering, H., & Király, I. (2002). Rational imitation in preverbal infants. *Nature, 415*, 755.

Gergely, G., Knadasdy, Z., Csibra, G., & Biro, S. (1995). Taking the international stance at 12 months of age. *Cognition, 56,* 165-193.

Gerstadt, C. L., Hong, Y. J., & Diamond, A. (1994). The relationship between cognition and action: Performance of children 3.5-7 years old on a Stroop-like dayight test. *Cognition, 53,* 129-153.

Geurts, H. M., Verte, S., Oosterlaan, J., Roeyers, H., & Sergeant, J. A. (2004). How specific are executive functioning deficits in attention deficit hyperactivity disorder and autism? *Journal of Child Psychology and Psychiatry, 45,* 836-854.

Giedd, J. N., Blumenthal, J., Jeffries, N. O., Castellanos, F. X., Liu, H., Zijdenbos, A., et al. (1999). Brain development during childhood and adolescence: a longitudinal MRI study. *Nature Neuroscience, 2*(10), 861-863.

Gioia, G. A., Espy, K. A., & Isquith, P. K. (2002). *Behavior Rating Inventory of Executive Function, Preschool Version (BRIEF-P)*. Odessa, FL: Psychological Assessment Resources.

Gogtay, N., Giedd, J. N., Lusk, L., Hayashi, K. M., Greenstein, D., Vaituzis, A. C., et al. (2004). Dynamic mapping of human cortical development during childhood through early adulthood. *Proceedings of the National Academy of Sciences of the United States of America, 101*(21), 8174-8179.

Golden, C. J. (1981). The Luria-Nebraska children's battery: Theory and formulation. In G. W. Hynd & J. E. Obrzut (Eds.), *Neuropsychological Assessment and the School-Aged Child* (pp. 277-302). New York: Grune & Stratton.

Goldman-Rakic, P. S. (1992). Working memory and the mind. *Scientific American, 267,* 111-117.

Gopnik, A., & Astington, J. W. (1988). Children's understanding of representational change and its relation to the understanding of false belief and the appearance-reality distinction. *Child Development, 59,* 26-37.

Gordon, A. C. L., & Olson, D. R. (1998). The relation between acquisition of a theory of mind and the capacity to hold in mind. *Journal of Experimental Child Psychology 68,* 70-83.

郷式徹（1999）．幼児における自分の心と他者の心の理解：心の理論」課題を用いて．教育心理学研究．*47,* 354-363.

Grant, D. A., & Berg, E. A. (1948). A behavioral analysis of degree of reinforcement and ease of shifting to new responses in a Weigl-type-card-sorting problem. *Journal of Experimental Psychology, 38,* 404-411.

Grice, H. P. (1980). *Studies in the Way of Words*. Cambridge, MA: Harvard University Press.

Happe, F. (1999). Autism: cognitive deficit or cognitive style? *Trends in Cognitive Science, 3,*

216-222.

Happe, F., Ronald, A., & Plomin, R. (2006). Time to give up on a single explanation for autism. *Nature Neuroscience, 9*, 1218-1220.

Harlow, J. M. (1848). Passage of an iron rod through the head. *Boston Medical Surgery Journal, 39*, 389-393.

Hatcher, P. D., Brown, V. J., Tait, D. S., Bate, S., Overend, P., Hagan, J. J., & Jones, D. N. C. (2005). 5-HT6 receptor antagonists improve performance in an attentional set shifting task in rats. *Psychopharmacology, 181*, 253-259.

Hayne, H., Herbert, J., & Simcock, G. (2003). Imitation from television by 24- and 30-month-olds. *Developmental Science, 6*, 254-261.

Hill, E. L. (2004). Executive dysfunction in autism. *Trends in Cognitive Science, 8*, 26-32.

開一夫・旦直子・有田亜希子 (2006). 乳児の人工物認知と人認知. ベビーサイエンス, 6, 32-40.

Hodapp, A. F. (1993). Correlation between Stanford-Binet IV and PPVT-R scores for young children. *Psychological Reports, 73*, 1152-1154.

Hogrefe, G. J., Wimmer, H., & Perner, J. (1986). Ignorance versus false belief—a developmental lag in attribution of epistemic states. *Child Development, 57*, 567-582.

Holmboe, K., Fearon, R. M. P., Csibra, G., Tucker, L. A., & Johnson, M. H. (2008). Freeze-Frame: A new infant inhibition task and its relation to frontal cortex tasks during infancy and early childhood. *Journal of Experimental Child Psychology, 100*, 89-114.

Hongwanishkul, D., Happaney, K. R., Lee, W., & Zelazo, P. D. (2005). Hot and cool executive function: Age-related changes and individual differences. *Developmental Neuropsychology, 28*, 617-644.

Horner, V., & Whiten, A. (2005). Causal knowledge and imitation / emulation switching in chimpanzees (*Pan troglodytes*) and children (*Homo sapiens*). *Animal. Cognition, 8*, 164-181.

Horner, V., & Whiten, A. (2007). Learning from others' mistakes? Limits on understanding a trap-tube task by young chimpanzees (*Pan troglodytes*) and children (*Homo sapiens*). *Journal of Comparative Psychology, 121*, 12-21.

Houdé, O., & Guichart, E. (2001). Negative priming effect after inhibition of number / length interference in a Piaget-like task. *Developmental Science, 4*, 119-123.

Hudspeth, W., & Pribram, K. (1990). Stages of brain and cognitive maturation. *Journal of Educational Psychology, 82*, 881-884.

Hughes, C. (1998). Executive function in preschoolers: Links with theory of mind and verbal ability. *British Journal of Developmental Psychology, 16*, 233–253.

Hughes, C., Dunn, J., & White, A. (1998). Trick or treat?: Uneven understanding of mind and emotion and executive dysfunction in 'hard-to-manage' preschoolers. *Journal of Child Psychology and Psychiatry, 39*, 981–984.

Hughes, C., & Russell, J. (1993). Autistic children's difficulty with mental disengagement from an object: its implications for theories of autism. *Developmental Psychology, 29*, 498–510.

Hughes, C., White, A., Sharpen, J., & Dunn, J. (2000). Anti-social, angry and unsympathetic: 'Hard to manage' preschoolers' peer problems, and possible social and cognitive influences. *Journal of Child Psychology and Psychiatry, 41*, 169–179.

Huizinga, M., Dolan, C. V., & van der Molen, M. W. (2006). Age-related change in executive function: Developmental trends and a latent variable analysis. *Neuropsychologia, 44*, 2017–2036.

Huston, A. C., Wright, J. C., Marquis, J., & Green, S. B. (1999). How young children spend their time: Television and other activities. *Developmental Psychology, 35*, 912–925.

Huttenlocher, P. R. (1990). Morphometric study of human cerebral cortex development. *Neuropsychologia, 28*, 517–527.

Huttenlocher, P. R., & Dabholkar, A. S. (1997). Regional differences in synaptogenesis in human cerebral cortex. *Journal of Comparative Neurology, 387*, 167–178.

Iaboni, F., Douglas, V. I., & Baker, A. G. (1995). Effects of reward and response costs on inhibition in ADHD children. *Journal of Abnormal Psychology, 104*, 232–240.

Im-Bolter, N., Johnson, J., & Pascual-Leone, J. (2006). Processing Limitations in Children With Specific Language Impairment: The Role of Executive Function. *Child Development, 77*, 1822–1841.

Isquith, P. K., Gioia, G., & Espy, K. A. (2004). Executive function in preschool children: examination through everyday behavior. *Developmental Neuropsychology, 26*, 403–422.

Itakura, S. (2001). Attention repeated events in human infants (*Homo sapiens*): Effects of joint visual attention vs. stimulus change. *Animal Cognition, 4*, 281–284.

Itakura, S., Ishida, H., Kanda, T., Lee, K., Shimada, Y., & Ishiguro, H. (2008). How to build an intentional android: infants' imitation of a robot's goal-directed actions. *Infancy, 13*, 519–532.

Iversen, S. D., & Mishkin, M. (1970). Perseverative interference in monkeys following selective lesions of the inferior prefrontal convexity. *Experimental Brain Research, 11*, 376–386.

Jahromi, L. B., & Stifter, C. A. (2008). Individual differences in preschoolers' self-regulation and theory of mind. *The Merrill-Palmer Quarterly, 54*, 125-150.

ジェームズ, W.（今田寛訳）(1993). 心理学（下）. 岩波文庫.（James, W. (1890). *Principles of Psychology*. New York, NY, USA: Holt）

Jodo, E., & Kayama, Y. (1992). Relation of a negative ERP component to response inhibition in a Go / No-go task. *Electroencephalography and Clinical Neurophysiology, 82*, 477-482.

Johnson, S., Booth, A., & O'Hearn, K. (2001). Inferring the unseen goals of a nonhuman agent. *Cognitive Development, 16*, 637-656.

Jones, S. S. (2007). Imitation in infancy. *Psychological Science, 18*, 593-599.

Jordan, A. B., & Woodward, E. H., IV. (2001). Electronic childhood: The availability and use of household media by 2- to 3-year-olds. *Zero to Three, 22*, 4-9.

かがくいひろし（2009）. がまんのケーキ. 教育画劇.

Kain, W., & Perner, J. (2005). What fMRI can tell us about the ToM-EF connection: False beliefs. In W. Schneider, R. Schumann-Hengsteler & B. Sodian (Eds.), *Young Children's Cognitive Development: Interrelationships among Executive Functioning, Working Memory, Verbal Ability, and Theory of Mind* (pp. 189-217). Mahwah, NJ; Erlbaum.

Kaminski, J., Call, J., & Tomasello, M. (2004). Body orientation and face orientation: two factors controlling apes' begging behavior from humans. *Animal Cognition, 7*, 216-223.

柏木恵子（1983）. 子どもの「自己」の発達. 東京大学出版会.

Kawashima, R., Satoh, K., Itoh, H., Ono, S., Furumoto, S., Gotoh, R., et al. (1996). Functional anatomy of GO/NO-GO discrimination and response selection—a PET study in man. *Brain Research, 728*, 79-89.

Kendler, H. H., & Kendler, T. S. (1961). Effect of verbalization on discrimination reversal shifts in children. *Science, 134*, 1619-1620.

Kendler, H. H., & Kendler, T. S. (1962). Vertical and horizontal process in problem solving. *Psychological Review, 69*, 1-16.

Kerr, A., & Zelazo, P. D. (2004). Development of "hot" executive function: The Children's Gambling Task. *Brain and Cognition, 55*, 148-157.

Kirkham, N. Z., Cruess, L., & Diamond, A. (2003). Helping children apply their knowledge to their behavior on a dimension-switching task. *Developmental Science, 6*, 449-476.

北山忍（1998）. 自己と感情：文化心理学による問いかけ. 共立出版.

Kitayama, S., Duffy, S., Kawamura, T., & Larsen, J. T. (2003). Perceiving an object and its context in different cultures: A cultural look at new look. *Psychological Science, 14*, 201-206.

Kloo, D. (2003). *Understanding Conflicting Descriptions. The Developmental Relation between False Belief Understanding and Card Sorting*. Doctoral Dissertation, University of Salzburg, Salzburg, Austria.

Kloo, D., & Perner, J. (2003). Training transfer between card sorting and false belief understanding: Helping children apply conflicting descriptions. *Child Development, 74*, 1823–1839.

Kloo, D., & Perner, J. (2005). Disentangling dimensions in the dimensional change card-sorting task. *Developmental Science, 8*, 44–56.

Kochanska, G., Murray, K. T., & Coy, K. C. (1997). Inhibitory control as a contributor to conscience in childhood: From toddler to early school age. *Child Development, 68*, 263–277.

Kochanska, G., Murray, K. T., & Harlan, E. T. (2000). Effortful control in early childhood: Continuity and change, antecedents, and implications for social development. *Developmental Psychology, 36*, 220–232.

Kochanska, G., Murray, K. T., Jacques, T. Y., Koenig, A. L., & Vandegeest, K. A. (1996). Inhibitory control in young children and its role in emerging internalization. *Child Development, 67*, 490–507.

Koenderink, M. J., Uylings, H. B., & Mrzljak, L. (1994). Postnatal maturation of the layer III pyramidal neurons in the human prefrontal cortex: a quantitative Golgi analysis. *Brain Research, 653*, 173–82.

Konishi, S., Nakajima, K., Uchida, I., Kikyo, H., Kameyama, M., & Miyashita, Y. (1999). Common inhibitory mechanism in human inferior prefrontal cortex revealed by event-related functional MRI. *Brain, 122*, 981–991.

Kovács, A. M., & Mehler, J. (2009). Cognitive gains in 7-month-old bilingual infants. *Proceedings of the National Academy of Sciences of the United States of America, 106*, 6556–6560.

子安増生（1997）．幼児の「心の理論」の発達―心の表象と写真の表象の比較―．心理学評論, *47*, 97–109.

Kralik, J. D., Hauser, M. D., & Zimlicki, R. (2002). The relation between problem solving and inhibitory control: cotton-top tamarin (*Saguinus oedipus*) performance on a reversed contingency task. *Journal of Comparative Psychology, 116*, 39–50.

Kuhlmeier, V. A., Wynn, K., & Bloom, P. (2003). Attribution of dispositional states by 12-month-olds. *Psychological Science, 14*, 402–408.

Lamm, C., Zelazo, P. D., & Lewis, M. D. (2006). Neural correlates of cognitive control in childhood and adolescence: Disentangling the contributions of age and executive function. *Neuropsychologia, 44*, 2139−2148.

Legerstee, M. (1992). A review of the animate/inanimate distinction in infancy. *Early Development and Parenting, 1*, 59−67.

Lehto, J. H., Juujaervi, P., Kooistra, L., & Pulkkinen, L. (2003). Dimensions of executive functioning: Evidence from children. *British Journal of Developmental Psychology, 21*, 59−80.

Leon-Carrion, J., García-Orza, J., & Pérez-Sanatamaría, F. J. (2004). Development of the inhibitory component of the executive functions in children and adolescents. *International Journal of Neuroscience, 114*, 1291−1311.

Leslie, A. M. (1987). Pretence and representation: the origins of 'theory of mind'. *Psychological Review, 94*, 412−426.

Lhermitte, F. (1983). Utilization behavior and its relation to lesions of the frontal lobes. *Brain, 106*, 237−255.

Lhermitte, F. (1986). Human Autonomy and the frontal lobes. Part II: patient behavior in complex and social situations: the 'Environmental Dependency Syndrome'. *Annual Neurology, 19*, 335−343.

Lhermitte, F., Pillon, B., & Serdaru, M. (1986). Human Autonomy and the frontal lobes. Part I: Imitation and Utilization Behavior: a neuropsychological study of 75 patients. *Annual Neurology, 19*, 326−334.

Li, J. (2002). A cultural model of learning: Chinese "heart and mind for wanting to learn." *Journal of Cross-Cultural Psychology, 33*, 248−269.

Lillard, A. S., & Else-Quest, N. (2006). Evaluating Montessori education. *Science, 313*, 1893−1894.

Liss, M., Harel, B., Fein, D., Allen, D., Dunn, M., Feinstein, C., Morris, R., Waterhouse, L., & Rapin, I. (2001). Predictors and correlates of adaptive functioning in children with developmental disorders. *Journal of Autism and Developmental Disorders, 31*, 219−230.

Liszkowski, U., Carpenter, M., Henning, A., Striano, T., & Tomasello, M. (2004). Twelve-month-olds point to share attention and interest. *Developmental Science, 7*, 297−307.

Livesey, D. J., & Morgan, G. A. (1991). The development of response inhibition in 4- and 5-year-old children. *Australian Journal of Psychology, 43*, 133−137.

Logan, G. D. (1994). On the ability to inhibit thought and action: A user's guide to the stop signal paradigm. In D. Dagenbach & T. H. Carr (Eds.), *Inhibitory Processes in Attention, Memory, and Language* (pp. 189–239). San Diego, CA: Academic Press.

Luo, Y., & Baillargeon, R. (2005). Can a self-propelled box have a goal? Psychological reasoning in 5-month-old infants. *Psychological Science, 16,* 601–608.

Luria, A. R. (1961). *The Role of Speech in the Regulation of Normal and Abnormal Behavior* (J. Tizard, Ed.), New York: Liveright Publishing Corporation.

Luria, A. R. (1966). *Higher Cortical Functions in Man*. New York: Basic Books.

Luria, A. R. (1973). *The Working Brain: An Introduction to Neuropsychology* (B. Haigh, trans.). New York: Basic Books Inc.

Luria, A. R., Pribram, K. H., & Homskaya, E. D. (1964). An experimental analysis of the behavioural disturbance produced by a left frontal arachnoidal endothelioma (meningioma). *Neuropyschologia, 2,* 257–280.

前原由喜夫（2010）．抑制機能の説明力への過信．ベビーサイエンス，*10,* 40-41．

Mahone, E. M., & Hoffman, J. (2007). Behavior ratings of executive function among preschoolers with ADHD. *The Clinical Neuropsychologist, 21,* 569–586.

Mahone, E. M., Cirino, P. T., Cutting, L. E., Cerrone, P. M., Hagelthorn, K. M., Hiemenz, J. R, Singer, H. S., & Denckla, M. B. (2002). Validity of the behavior rating inventory of executive function in children with ADHD and/or Tourette syndrome. *Archives of Clinical Neuropsychology 17,* 43–62.

Mahone, E. M., Koth, C. W., Cutting, L. E., Singer, H. S., & Denckla, M. B. (2001). Executive function in fluency and recall measures among children with Tourette syndrome or ADHD. *Journal of the International Neurology Society, 7,* 102–111.

Markus, H. R., & Kitayama, S. (1991). Culture and the self: Implications for cognition, emotion, and motivation. *Psychological Review, 98,* 224–253.

Masuda, T., & Nisbett, R. E. (2001). Attending holistically vs. analytically: Comparing the context sensitivity of Japanese and Americans. *Journal of Personality and Social Psychology, 81,* 922–934.

Matsuzawa, T., Tomonaga, M., & Tanaka, M. (Eds.) (2006). *Cognitive Development in Chimpanzees*. Tokyo: Springer.

McCall, R. B., Parke, R. D., & Kavanaugh, R. D. (1977). Imitation of live and televised models by children one to three years of age. *Monographs of the Society for Research in Child Development, 42* (5, Serial No. 173).

McGuigan, N., Whiten, A., Flynn, E., & Horner, V. (2007). Imitation of causally opaque versus causally transparent tool use by 3- and 5-year-old children. *Cognitive Development, 22*, 353–364.

Meltzoff, A. N. (1995). Understanding of the intentions of others: re-enactment of intended acts by 18-month-old children. *Developmental Psychology, 31*, 838–850.

Meltzoff, A. N. (2005). Imitation and other minds: the 'Like Me' hypothesis. In S. Hurly & N. Chater (Eds.), *Perspectives on Imitation: From Neuroscience to Social Science* (Vol. 2, pp. 55–77). Cambridge, MA: MIT Press.

Miller, J. G. (1984). Culture and the development of everyday social explanation. *Journal of Personality and Social Psychology, 46*, 961–978.

Miller, S. A., Shelton, J., & Flavell, J. (1970). A test of Luria's hypotheses concerning the development of verbal self-regulation. *Child Development, 41*, 651–665.

Milner, B. (1963). Effects of different brain lesions on card sorting. *Archives of Neurology, 9*, 90–100.

Minato, T., Shimada, M., Itakura, S., Lee, K., & Ishiguro, H. (2005). Does gaze reveal the human likeness of an android. *Proceedings of 2005 4th IEEE International Conference on Development and Learning, 106–111*.

Miyake, A., Friedman, N. P., Emerson, M. J., Witzki, A. H., & Howerter, A. (2000). The unity and diversity of executive functions and their contributions to complex "Frontal Lobe" tasks: A latent variable analysis. *Cognitive Psychology, 41*, 49–100.

Montessori, M. (1964). *The Montessori Method*. New York: Schocken.

森口佑介 (2010a). 乳幼児期における抑制機能の発達とその神経基盤. ベビーサイエンス, *10*, 26–37.

森口佑介 (2010b). 抑制機能の初期発達を改めて考える. ベビーサイエンス, *10*, 42–45.

Moriguchi, Y., & Hiraki, K. (2009). Neural origin of cognitive shifting in young children. *Proceedings of the National Academy of Sciences of the United States of America, 106*, 6017–6021.

Moriguchi, Y., & Hiraki, K. (2011). Longitudinal development of the prefrontal function during early childhood. *Developmental Cognitive Neuroscience, 1*, 153–162.

Moriguchi, Y., & Itakura, S. (2005). Does pointing comprehension disturb controlling action? Evidence from 2-year-old children. *Proceedings of the 4th IEEE International Conference on Development and Learning*, 102–105.

Moriguchi, Y., Minato, T., Ishiguro, H., Shinohara, I., & Itakura, S. (2010). Cues that trigger social transmission of disinhibition in young children. *Journal of Experimental Child Psychology, 107*, 181-187.

Moriguchi, Y., Okumura, Y., Kanakogi, Y., & Itakura, S. (2010). Japanese children's difficulty with false belief understanding: Is it real or apparent? *Psychologia, 53*, 36-43.

Morris, M. W., & Peng, K. (1994). Culture and cause: American and Chinese attributions for social and physical events. *Journal of Personality and Social Psychology, 67*, 949-971.

Moses, L. J. (2001). Executive accounts of theory-of-mind development. *Child Development, 72*, 688-690.

Moses, L. J. (2005). Executive functioning and children's theories of mind. In B. F. Malle & S. D. Hodges (Eds.), *Other Minds: How Humans Bridge the Divide Between Self and Others* (pp. 11-25). New York. London: Guilford Press.

Mrzljak, L., Uylings, H. B. M., van Eden, C. G., & Judas, M. (1990). Neuronal development in human prefrontal cortex in prenatal and postnatal states. In H. B. M. Uylings, C. G. van Eden, J. P. C. de Bruin, M. A. Corner & M. G. P. Feenstra (Eds.), *The Prefrontal Cortex: Its Structure, Function, and Pathology. Progress in Brain Research* (Vol. 85, pp. 185-222). Amsterdam: Elsevier.

Munakata, Y. (2001). Graded representations in behavioral dissociations. *Trends in Cognitive Sciences, 5*, 309-315.

Munakata, Y., & Yerys, B. E. (2001). All together now: When dissociations between knowledge and action disappear. *Psychological Science, 12*, 335-337.

Nagell, K., Olguin, K., & Tomasello, M. (1993). Processes of social learning in the tool use of chimpanzees (*Pan troglodytes*) and human (*Homo sapiens*) children. *Journal of Comparative Psychology, 107*, 174-186.

Naito M., & Koyama, K. (2006). The development of false belief understanding in Japanese children: Delay and difference? *International Journal of Behavioral Development, 30*, 290-304.

Nisbett, R. E. (2003). *The geography of thought: How Asians and Westerners Think Differently—and Why*. New York: Free Press.

Nisbett, R. E., Peng, K., Choi, I., & Norenzayan, A. (2001). Culture and systems of thought: Holistic vs. analytic cognition. *Psychological Review, 108*, 291-310.

Noble, K. G., Norman, M. K., & Farah, M. J. (2005). Neurocognitive correlates of socioeconomic status in kindergarten children. *Developmental Science, 8*, 74-87.

Norman, D. A., & Shallice, T. (1986). Attention to action: Willed and automatic control of behavior. In R. J. Davidson, G. E. Schwartz, & D. Shapiro (Eds.), *Consciousness and Self-Regulation: Advances in Research and Theory* (Vol. 4, pp. 1–18). New York: Plenum.

Nyden, A., Gillberg, C., Hjelmquist, E., & Heiman, M. (1999). Executive / attention deficits in boys with Asperger syndrome, attention disorder and reading / writing disorder. *Autism, 3*, 213–228.

小川絢子 (2007). 幼児期における心の理論と実行機能の発達. 京都大学大学院教育学究科紀要, *53*, 325–337.

Oh, S., & Lewis, C. (2008). Korean preschoolers' advanced inhibitory control and its relation to other executive skills and mental state understanding. *Child Development, 79*, 80–99.

Okanda, M., & Itakura, S. (2007). Do Japanese children say 'yes' to their mothers? A naturalistic study of response bias in parent-toddler conversations. *First Language, 27*, 421–429.

Okanda, M., & Itakura, S. (2008). Children in Asian cultures say yes to yes-no question: Common and cultural differences between Vietnamese and Japanese children. *International Journal of Behavioral Development, 32*, 131–136.

Onishi, K. H., & Baillargeon, R. (2005). Do 15-month-old infants understand false beliefs? *Science, 308*, 255–258.

Orzhekhovskaya, N. (1981). Fronto-striatal relationships in primate ontogeny. *Neuroscience and Behavioral Physiology, 11*, 379–385.

Ozonoff, S. (1997). Components of executive function in autism and other disorders. In J. Russell, Eds.), *Autism as an Executive Disorder* (pp. 179–211). Oxford, England: Oxford University Press.

Ozonoff, S., & Strayer, D. L. (1997). Inhibitory function in nonretarded children with autism. *Journal of Autism and Developmental Disorders, 27*, 59–77.

Ozonoff, S., Strayer, D. L., McMahon, W. M., & Filloux, F. (1994). Executive function abilities in autism and Tourette syndrome: An information processing approach. *Journal of Child Psychology and Psychiatry, 35*, 1015–1031.

Pardo, J., Pardo, P., Janer, K., & Raichle, M. (1990). The anterior cingulate cortex mediates processing selection in the stroop attentional conflict paradigm. *Proceedings of National. Academy of Sciences of the United States of America, 87*, 256–259.

Pellicano, E. (2007). Links between theory of mind and executive function in young children with autism: Clues to developmental primacy. *Developmental Psychology, 43*, 974–990.

Perner, J. (1991). *Understanding the Representational Mind*. Cambridge, MA: MIT Press.

Perner, J., & Lang, B. (2000). Theory of mind and executive function: is there a developmental relationship? In S. Baron-Cohen, H. Tager-Flusberg & D. Cohen (Eds.), *Understanding other minds: Perspective from Developmental Cognitive Neuroscience* (2nd ed., pp. 150–181). Oxford University Press: Oxford.

Perner, J., Lang, B., & Kloo, D. (2002). Theory of mind and self-control: More than a common problem of inhibition. *Child Development, 73*, 752–767.

Perner, J., Leekam, S. R., & Wimmer, H. (1987). Three-year-olds' difficulty understanding false belief: Representational limitation, lack of knowledge or pragmatic misunderstanding? *British Journal of Developmental Psychology, 5*, 125–137.

Perret, E. (1974). The left frontal lobe of man and the suppression of habitual responses in verbal categorical behaviour. *Neuropsychologia, 12*, 323–330.

Perret, P., Paour, J. -L., & Blaye, A. (2003). Respective contributions of inhibition and knowledge levels in class inclusion development: A negative priming study. *Developmental Science, 6*, 283–288.

Peterson, C. C., Wellman, H. M., & Liu, D. (2005). Steps in theory of mind development for children with autism and deafness. *Child Development, 76*, 502–517.

Piaget, J. (1954). *The Construction of Reality in the Child*. New York: Basic Books.

Porter, M. A., Coltheart, M., & Langdon, R. (2007). The neuropsychological basis of hypersociability in Williams and Down syndrome. *Neuropsychologia, 45*, 2839–2849.

Povinelli, D. J., & Bering, J. M. (2002). The mentality of apes revisited. *Current Direction. In Psychological Science, 11*, 115–119.

Povinelli, D. J., & Eddy, T. J. (1996). What young chimpanzees know about seeing. *Monographs of the Society for Research in Child Development, 61* (3, Serial No. 247).

Premack, D., & Woodruff, G. (1978). Does the chimpanzee have a theory of mind? *Behavioral and Brain Sciences, 1*, 515–526.

Premack, D. (2007). Human and animal cognition: Continuity and discontinuity. *Proceedings of National Academy of Sciences of the United States of America, 104*, 13861–18679.

Prencipe, A., & Zelazo, P. D. (2005). Development of affective decision-making for self and other: Evidence for the integration of first- and third-person perspectives. *Psychological Science, 16*, 501–505.

Reed, T. (2002). Visual perspective taking as a measure of working memory in participants with autism. *Journal of Developmental and Physical Disabilities, 14*, 63–76.

Repacholi, B. M., & Gopnik, A. (1997). Early reasoning about desires: Evidence from 14- and

18-month-olds. *Developmental Psychology, 33*, 12–21.

Rice, M. L., Huston, A. C., Truglio, R., & Wright, J. (1990). Words from "Sesame Street": Learning vocabulary while viewing. *Developmental Psychology, 26*, 421–428.

Roberts, A. C. (1996). Comparison of cognitive function in human and non-human primates *Cognitive Brain Research, 3*, 319–327.

Roberts, A. C., Robbins, T. W., & Everiu, B. J. (1988). The effects of intradimensional and extradimensional shifts on visual discrimination learning in humans and non-human primates, *Quarterly Journal of Experimental Psychology, 40B*, 321–341.

Rogers, R. D., & Monsell, S. (1995). Costs of a predictable switch between simple cognitive tasks. *Journal of Experimental Psychology: General, 124*, 207–231.

Rothbaum, F., Pott, M., Azuma, H., Miyake, K., & Weisz, J. (2000). The development of close relationships in Japan and the United States: Paths of symbiotic harmony and generative tension. *Child Development, 71*, 1121–1142.

Rueda, M. R., Posner, M. I., Rothbart, M. K., & Davis-Stober, C. P. (2004). Development of the time course for processing conflict: An event-related potentials study with 4-year-olds and adults. *BMC Neuroscience, 5*, 1–13.

Rueda, M. R., Rothbart, M. K., McCandliss, B. D., Saccamanno, L., & Posner, M. I. (2005). Training, maturation and genetic influences on the development of executive attention. *Proceedings of the National Academy of Sciences of the United States of America, 102*, 14931–14936.

Russell, J. (1997). How executive disorders can bring about an adequate theory of mind. In J. Russell (Ed.), *Autism as an Executive Disorder* (pp. 256–304). Oxford, England: Oxford University Press.

Russell, J., Hala, S., & Hill, E. (2003). The automated windows task: The performance of preschool children, children with autism and children with moderate learning difficulties. *Cognitive Development, 18*, 111–137.

Russell, J., Mauthner, N., Sharpe, S., & Tidswell, T. (1991). The 'windows task' as a measure of strategic deception in preschoolers and autistic subjects. *British Journal of Developmental Psychology, 9*, 331–349.

Rutter, D. R., & Kevin, D. (1987). Turn-taking in mother-infant interaction: An examination of vocalizations and gaze. *Developmental Psychology. 23*, 54–61.

Sabbagh, M. A., & Baldwin, D. A. (2001). Learning words from knowledgeable versus ignorant speakers: links between preschooler's theory of mind and semantic development. *Child*

Development, 72, 1054-1070.

Sabbagh, M. A., Xu, F., Carlson, S., Moses, L., & Lee, K. (2006). The development of executive functioning and theory-of-mind: A comparison of Chinese and U. S. preschoolers. Psychological Science, 17, 74-81.

Saxe, R. (2006). Uniquely human social cognition. Current Opinion in Neurobiology, 16, 235-239.

Schuman, J., Bala, N., & Lee, K. (1999). Developmentally appropriate questions for child witnesses. Queen's Law Journal, 23, 251-302.

Schweitzer, J. B., & Sulzer-Azaroff, B. (1995). Self-control in boys with attention-deficit hyperactivity disorder: Effects of added stimulation and time. Journal of Child Psychology and Psychiatry, 36, 671-686.

Scullin, M. H., & Bonner, K. (2006). Theory of mind, inhibitory control, and preschool-age children's suggestibility in different interviewing contexts. Journal of Experimental Child Psychology, 93, 120-138.

Shallice, T. (1988). From Neuropsychology to Mental Structure. New York: Cambridge University Press.

Shatz, M., Wellman, H. M., & Silber, S. (1983). The acquisition of mental verbs—a systematic investigation of the 1st reference to mental state. Cognition, 14, 301-321.

Shaw, P., et al. (2007). Attention-deficit / hyperactivity disorder is characterized by a delay in cortical maturation. Proceedings of National Academy of Sciences of the United States of America, 104, 19649-19654.

Shimomura, T., & Mori, E. (1998). Obstinate imitation behaviour in differentiation of frontotemporal dementia from Alzheimer's disease. Lancet, 352, 623-624.

代田昇（1981）．たたされた2じかん．理論社．

Silberberg, A., & Fujita, K. (1996). Pointing at smaller food amounts in an analogue of Boysen and Berntson's (1995) procedure. Journal of the Experimental Analysis of Behavior, 66, 143-147.

Silverman, I. (2003). Gender differences in resistance to temptation: theories and evidence. Developmental Review, 23, 219-259.

Simpson, A., & Riggs, K. J. (2005a). Factor responsible for performance on the day-night task: response set or semantics? Developmental Science, 8, 360-371.

Simpson, A., & Riggs, K. J. (2005b). Inhibitory and working memory demands of the day-night task in children. British Journal of Developmental Psychology, 23, 471-486.

Simpson, A., & Riggs, K. J. (2007). Under what conditions do young children have difficulty inhibiting manual actions? *Developmental Psychology, 43*, 417–428.

Slamecka, N. J. (1968). A methodological analysis of shift paradigms in human discrimination learning, *Psychological Bulletin, 69*, 423–438.

Slaughter, V., & Corbett, D. (2007). Differential copying of human and nonhuman models at 12 and 18 months of age. *European Journal of Developmental Psychology, 4*, 31–45.

Sonuga-Barke, E. J. S., Taylor, E., Sembi, S., & Smith, J. (1992). Hyperactivity and delay aversion—I. The effect of delay on choice. *Journal of Child Psychology and Psychiatry, 33*, 387–398.

Spelke, E. S., Phillips, A., & Woodward, A. L. (1995). Infants' knowledge of object motion and human action. In D. Sperber & D. Premack (Eds.), *Causal cognition: a multidisciplinary debate. Symp. Fyssen Foundation* (pp. 44–78). New York: Clarendon Press / Oxford University Press.

Spence, K. W. (1937). Experimental studies of learning and higher mental processes in infrahuman primates. *Psychological Bulletin, 34*, 806–850.

Stenhouse, D. (1974). *The Evolution of Intelligence: A General Theory and Some of its Implications*. London: Allen & Unwin.

Stevenson, J. C., & Williams, D. C. (2000). Parental investment, self-control, and sex differences in the expression of ADHD. *Human Nature, 11*, 405–422.

Stroop, J. R. (1935). Studies of interference in serial verbal reactions. *Journal of Experimental Psychology, 18*, 643–662.

Stuss, D. T., Floden, D., Alexander, M. P., Levine, B., & Katz, D. (2001). Stroop performance in focal lesion patients: Dissociation of processes and frontal lobe lesion location. *Neuropsychologia, 39*, 771–786.

Stuss, D. T., Gallup, G. Jr, & Alexander, M. P. (2001). The frontal lobes are necessary for 'theory of mind'. *Brain, 124*, 279–286.

Swanson, J. M., Sunohara, G. A., Kennedy, J. L., Regino, R., Fineberg, E., Wigal, T., Lerner, M., Williams, L., LaHoste, G. J., & Wigal, S. (1998). Association of the dopamine receptor D4 (DRD4) gene with a refined phenotype of attention deficit hyperactivity disorder (ADHD): A family-based approach. *Molecular Psychiatry, 3*, 38–41.

Talwar, V., & Lee, K. (2002). Emergence of white lie telling in children between 3 and 7 years of age. *Merrill-Palmer Quarterly, 48*, 160–181.

Talwar, V., & Lee, K. (2008). Social and cognitive correlates of children's lying behavior. *Child*

Development, 79, 866–881.

Tanaka, Y., Albert, M., Hara, H., Miyashita, T., & Kotani, N. (2000). Forced hyperphasia and environmental dependency syndrome. *Journal of Neurology and Neurosurgery, 68*, 224–226.

Tennie, C., Call, J., & Tomasello, M. (2006). Push or pull: emulation versus imitation in great apes and human children. *Ethology, 112*, 1159–1169.

Thatcher, R. (1991). Maturation of the human frontal lobes: Physiological evidence for staging. *Developmental Neuropsychology, 7*, 397–419.

Thatcher, R. W. (1992). Cyclic cortical reorganization during early childhood development. *Brain and Cognition, 20*, 24–50.

Thomsen, Y., & Berntsen, D. (2005). Knowing that I didn't know: Preschoolers' understanding of their own false belief is a predictor of assents to fictitious events. *Applied Cognitive Psychology, 19*, 507–527.

Thorpe, W. H. (1956/1963). *Learning and instinct in animals*. London: Methuen.

Tomasello, M. (1990). Cultural transmission in the tool use and communicatory signaling of chimpanzees? In S. T. Parker & K. R. Gibson (Eds.), *'Language' and Intelligence in Monkeys and Apes: Comparative Developmental Perspectives* (pp. 274–311). Cambridge: Cambridge University Press.

Tomasello, M., Call, J., & Hare, B. (2003). Chimpanzees understand psychological states: The question is which ones and to what extent. *Trends in Cognitive Science, 7*, 153–56.

Tomasello, M., Carpenter, M., Call, J., Behne, T., & Moll, H. (2005). Understanding and sharing intentions: the origins of cultural cognition. *Behavioral and Brain Sciences, 28*, 675–735.

Tomasello, M., Davis-Dasilva, M., Camak, L., & Bard, K. (1987). Observational learning of tool use by young chimpanzees and enculturated chimpanzees. *Human Evolution, 2*, 175–183.

Tomasello, M., Kruger, A. C., & Ratner, H. H. (1993). Cultural learning. *Behavioural and Brain Sciences, 16*, 495–552.

Tomonaga, M., Myowa-Yamakoshi, M., Mizuno, Y., Okamoto, S., Yamaguchi, M. K., Kosugi, D., Bard, K. A., Tanaka, M., & Matsuzawa, T. (2004). Development of social cognition in infant chimpanzees (*Pan troglodytes*): face recognition, smiling, gaze and the lack of triadic interactions. *Japanese Psychological Research, 46*, 227–235.

Tomonaga, M., & Ohta, H. (1990). Acquisition and Transfer of Visual Go / No-go Discrimination by a Chimpanzee. *Primates, 31*, 439–447.

友永雅己・田中正之・松沢哲郎（2004）．チンパンジーの認知と行動の発達．京都大学学術出版会．

鳥山理恵（2006）．文化依存的認知様式の発達．京都大学修士論文．

東山薫（2007）．"心の理論"の多面性の発達― Wellman & Liu 尺度と誤答の分析―．教育心理学研究, 55, 359-369.

Towse, J. N., Redbond, J., Houston-Price, C. M. T., & Cook, S. (2000). Understanding the dimensional change card sort. Perspectives from task success and failure. *Cognitive Development, 15*, 347-365.

Troseth, G. L., & DeLoache, J. S. (1998). The medium can obscure the message: Young children's understanding of video. *Child Development, 69*, 950-965.

上野一彦・撫尾知信・飯長喜一郎（1991）．絵画語彙発達検査．日本文化科学社．

Uller, C., & Nichols, S. (2000). Goal attribution in chimpanzees. *Cognition, 76*, B27-B34.

van den Wildenberg, W. P. M., & van der Molen, M. W. (2004). Developmental trends in simple and selective inhibition of compatible and incompatible responses. *Journal of Experimental Child Psychology, 87*, 201-220.

von Gunten, A., & Duc, R. (2007). Subtle imitation behaviour in convenience samples of normal, demented, and currently depressed elderly subjects. *International Journal of Geriatric Psychiatry, 22*, 568-573.

Vygotsky, L. S. (1962). *Thought and language.* Cambridge, MA: The MIT press.

Want, S. C., & Harris, P. L. (2002). How do children ape? Applying concepts from the study of non-human primates to the developmental study of 'imitation' in children. *Developmental Science, 5*, 1-13.

Watanabe, S. (2005). Lesions in the basal ganglion and hippocampus on performance in a Wisconsin Card Sorting Test-like task in pigeons. *Physiology and Behavior, 85*, 324-332.

Welch-Ross, M. K., Diecidue, K., & Miller, S. A. (1997). Young children's understanding of conflicting mental representation predicts suggestibility. *Developmental Psychology, 33*, 43-53.

Wellman, H. M., Cross, D., & Watson, J. (2001). Meta-analysis of theory-of-mind development: The truth about false belief. *Child Development, 72*, 655-684.

Wellman, H. M., Fang, F., Liu, D., Zhu, L., & Liu, G. (2006). Scaling of theory-of-mind understandings in Chinese children. *Psychological Science, 17*, 1075-1081.

Wellman, H. M., & Liu, D. (2004). Scaling of theory-of-mind tasks. *Child Development, 75*, 523-541.

引用文献

Welsh, M. C., Pennington, B. F., & Groisser, D. B. (1991). A normative-developmental study of executive function: A window on prefrontal function in children. *Developmental Neuropsychology, 7,* 131-149.

Whiten, A., & Byrne, R. W. (Eds.) (1997). *Machiavellian Intelligence II: Extensions and Evaluations.* New York: Cambridge University Press.

Whiten, A., Custance, D. M., Gomez, J. -C., Teixidor, P., & Bard, K. A. (1996). Imitative learning of artificial fruit processing in children (*Homo sapiens*) and chimpanzees (*Pan troglodytes*). *Journal of Comparative Psychology, 110,* 3-14.

Whiten, A., & Ham, R. (1992). On the nature and evolution of imitation in the animal kingdom: reappraisal of a century of research. *Advances in the Study of Behaviour, 21,* 239-283.

Wiebe, S. A., Espy, K. A., & Charak, D. (2008). Using confirmatory factor analysis to understand executive control in preschool children: I. Latent structure. *Developmental Psychology, 44,* 575-587.

ウィリアムズ，D.（河野万里子訳）（2000）．自閉症だったわたしへ．新潮文庫．

Wimmer, H., & Perner, J. (1983). Beliefs about beliefs: Representation and constraining function of wrong beliefs in young children's understanding of deception. *Cognition, 13,* 103-128.

Wolfe, C. D., & Bell, M. A. (2004). Working memory and inhibitory control in early childhood: Contributions from physiology, temperament, and language. *Developmental Psychobiology, 44,* 68-83.

Woodward, A. L. (1998). Infants selectively encode the goal object of an actor's reach. *Cognition, 69,* 1-34.

Wright, J. C. (1971). *KRISP (Kansas Reflection-Impulsivity Scale for Preschoolers).* Unpublished manuscript, University of Kansas, Lawrence.

Wright, J. C., Huston, A. C., Murphy, K. C., St. Peters, M., Pinon, M., Scantlin, R., & Kotler, J. (2001). The relations of early television viewing to school readiness and vocabulary of children from low-income families: The Early Windows Project. *Child Development, 72,* 1347-1366.

Yakovlev, P., & Lecours, A. (1967). The myelogenetic cycles of regional maturation of the brain. In A. Minkowski (Ed.), *Regional Development of the Brain in Early Life* (pp. 3-70). Oxford: Blackwell.

依田明（1990）．きょうだいの研究．大日本図書．

Zelazo, P. D. (2004). The development of conscious control in childhood. *Trends in Cognitive Sciences, 8*, 12-17.

Zelazo, P. D., Carlson, S. M., & Kesek, A. (2008). Development of executive function in childhood. In C. A. Nelson, & M. Luciana (Eds.), *Handbook of Developmental Cognitive Neuroscience, 2nd ed.* (pp. 553-574). Cambridge, MA: MIT Press.

Zelazo, P. D., Carter, A., Reznick, J. S., & Frye, D. (1997). Early development of executive function: A problem-solving framework. *Review of General Psychology, 1*, 198-226.

Zelazo, P. D., Craik, F. I. M., & Booth, L. (2004). Executive function across the life span. *Acta Psychologica, 115*, 167-183.

Zelazo, P. D., Frye, D., & Rapus, T. (1996). An age-related dissociation between knowing rules and using them. *Cognitive Development, 11*, 37-63.

Zelazo, P. D., & Müller, U. (2002). Executive Function in typical and atypical development. In U. Goswami (Ed.), *Blackwell Handbook of Childhood Cognitive Development* (pp. 445-469). Oxford, England: Blackwell.

Zysset, S., Muller, K., Lohmann, G., & von Cramon, D. Y. (2001). Color word matching Stroop task: Separating interference and response conflict. *Neuroimage, 13*, 29-36.

あとがき

　子どもの頃，私はじっとしていられない子どもだった。授業中は席に座っていることができず教師を苛立たせ，テスト中はそわそわと体を動かして教師に疑念を抱かせ，全校集会では周りをきょろきょろと見渡して教師をはらはらさせた。学校の外でも，床屋で耳元の髪を切られる際には，何度理容師の手を止めさせただろう（今でもその名残はあるが）。仮に私が現代に生まれていたら，何らかの問題を抱えている子どもだと見なされたかもしれない。そういった自らの幼年時代の経験が，本書に結びついていないと言えば嘘になる。本書の冒頭にも出てくる『がまんのケーキ』を読んで子どもの頃の苦労を思い出し，「こいたろう」に共感せずにはいられなかった。同書の掲載は私が強く希望したものであり，快く許可してくださった教育画劇社および素晴らしい絵本を多数残された故かがくいひろし氏に心より御礼を申し上げる。

　抑制機能という概念に直接興味を持ったのは，20世紀末に世間を騒がせた「キレる子ども」問題が契機である。当時青年期の入り口にさしかかっていた私と同年代くらいの若者たちが，自分をコントロールできずに凶悪犯罪に走ってしまう。当時から心理学者になることを志していた私にとって（そして，メディアリテラシーが十分に備わっていなかった私にとっては），これは極めて重大な問題のように思えた。当時は発達という概念すら知らなかったが，心の成長過程に興味を持ったのもこの頃であった。本書の内容がそのまま「キレる」問題と関与するわけではないものの，過去の私のように行動のコントロールが難しい子どもの理解に少しでも役に立てれば幸いである。

　このような経緯で抑制機能に関心を抱いたが，抑制機能は20世紀後半あたりから認知発達研究で注目された概念のひとつであり，私もその流行

あとがき

りに乗じて研究をスタートさせた。恩師である京都大学の板倉昭二教授の社会的認知研究に大きな影響を受け，社会的認知や社会的世界という新しい視点で抑制機能の研究に臨めたのは私にとっては幸いであった。本書で社会的世界における抑制機能の発達意義を十分に議論し尽くせたわけではないが，その一歩は踏み出せたのではないかと考えている。ご指導をいただいた板倉教授に厚く御礼を申し上げる。

本書で取り上げた実験や理論などでご示唆やご協力を賜った，東京大学開一夫教授，京都大学田中正之准教授，トロント大学 Kang Lee 教授，神戸大学大神田麻子氏，大阪大学石黒浩教授，港隆氏，ATR の神田崇之氏に深く感謝したい。また，データを取得する際に保育園の一室を提供していただき，子どもたちを促していただいた福岡市および京都市内の保育園の園長先生をはじめとする諸先生方，実験に参加してくれた子どもたち，退屈な課題を延々とやってくれたチンパンジーたちに御礼申し上げる。

本書の刊行に際して，京都大学の「平成 23 年度総長裁量経費　若手研究者に係る出版助成事業」の助成を受けた。出版にあたって，京都大学学術出版会編集長の鈴木哲也氏および編集担当の永野祥子氏には適切なコメントを賜り，非常にお世話になった。また，本書のイラストの一部は，水島可奈絵氏に作成していただいた。ここに御礼申し上げる。

最後に，子どもの頃から自分を律することが不得手であった私を育ててくれた両親ときょうだい，および，子どもの頃と変わらず落ち着きのない私を律してくれる郁子に心よりの御礼を申し上げる。

索　引

[A-Z]
ADHD　→注意欠陥多動性症候群
Andrew Meltzoff　65
A-not-B 課題　15
artificial fruit　68
Baddeley　5
Black/White 課題　22
BRIEF-P　25
Day/Night 課題　21
Dimensional Change Card Sort 課題
　　（DCCS 課題）　23
　　観察版——　73
DRD4　127
EEG　→脳波
Flanker 課題　118
fMRI　→機能的核磁気共鳴画像法
Gambling 課題　26
Gift Delay 課題　24
Grice の公理　49
Hand game　22
"Hot" な側面　25
Less is More 課題　26
Light 課題　20
Luria　12
Munakata　91
N2 成分　28
N-back 課題　7
NIRS　→近赤外分光装置
Number-Letter 課題　6
others-proposed　92
Phineas Gage　3
Piaget の保存の課題　34

SAS（Supervisory Attentional System）　5
self-generated　92
Shallice　5
shifting　→シフティング
Stop Signal 課題　6, 9
Stroop 課題　6, 21
Tapping 課題　22
theory of mind　→心の理論
Tower 課題　24
updating　→アップデーティング
Vygotsky　158
Windows 課題　19
Wisconsin Card Sorting Task（WCST）　4
Zelazo　25, 61

[ア行]
アップデーティング（updating）　6
アンドロイド　104　→ロボット
遺伝的要因　118
ウィリアム・ジェームス　3, 11
ウィリアムズシンドローム　31
嘘　49
エミュレーション　65　→模倣

[カ行]
外側部　7　→前頭前野
灰白質　17
過剰な社会性　64
過剰な模倣　73　→模倣
下前頭領域　9
葛藤抑制　24
眼窩部　7　→前頭前野

191

環境要因　118
観察版 DCCS　73　→ DCCS 課題
幾何学図形　107
機能的核磁気共鳴画像法（fMRI）　8
局所強調　65　→模倣
近赤外分光装置（NIRS）　27
肯定バイアス　51
心の理論（theory of mind）　12
　　――の発達経路　42
固執的行動　4
誤信念課題　40
コミュニケーションスキル　39

[サ行]
サッケード　18
刺激強調　65　→模倣
自己観　122
事象関連電位法（ERP）　28
視線追従　42
実行機能　3
シナプス　15
　　――の刈り込み　15
シフティング（shifting）　6
自閉症スペクトラム　29
社会的学習　64
社会的感染　110
社会的刺激　95
社会的世界　37
社会的知覚　64
社会的知性　35
社会的認知　64
樹状突起　16
情動制御　48
進化心理学　155
進化発達心理学　33, 155
真の模倣　65　→模倣

髄鞘形成　17
水頭　31
性格傾向　42
前頭前野　7
　外側部　7
　眼窩部　7
　　――の進化　129
　内側部　7
　背外側――　8
　腹内側――　26
前頭葉損傷患者　3
前部帯状回　9
相互協調的　122
相互独立的　122
属性間シフト　131

[タ行]
タスクスイッチング　6
遅延抑制　24
注意欠陥多動性症候群（ADHD）　29
伝達意図　42
道徳行動　48
道徳認知　48
特異的言語障害　31
トレット症候群　31

[ナ行]
内側部　7　→前頭前野
脳波（EEG）　16

[ハ行]
背外側前頭前野　8　→前頭前野
バイリンガル　119
反抗挑戦性障害　31
被暗示性　50
表示規則　49

フェニールケトン尿症　31
腹内側前頭前野　26　→前頭前野
物理的刺激　34
物理的世界　34
物理的知性　34
ふり遊び　42
文化　115
　――心理学　115
　――普遍的　115

[マ行]
満足の遅延課題　26
ミミック　65　→模倣
メタ表象　44
メディア　85
目標志向的　42
模倣　65
　エミュレーション　65
　過剰な――　73

局所強調　65
刺激強調　65
真の――　65
ミミック　65
――学習　65
モンテッソーリ教育　158

[ヤ行]
抑制機能　2

[ラ行]
ラベリング　119
ルールシステム　43
ロボット　98
　アンドロイド　104
　インタラクティブな――　102

[ワ行]
ワーキングメモリ　5, 6

[著者略歴]

森口 佑介（もりぐち　ゆうすけ）
専門は発達心理学，発達認知神経科学。
2003年　京都大学文学部卒業
2005年　同　文学研究科修士課程修了
2008年　同　文学研究科博士課程修了（博士（文学））
日本学術振興会特別研究員，トロント大学客員研究員を経て，上越教育大学大学院学校教育研究科講師・准教授。科学技術振興機構戦略的創造研究推進事業さきがけ研究者を経て2016年より京都大学大学院教育学研究科准教授。主著は『おさなごころを科学する：進化する乳幼児観』（新曜社，2014）など。

（プリミエ・コレクション 18）
わたしを律するわたし
子どもの抑制機能の発達

©Yusuke Moriguchi 2012

2012年6月5日　初版第一刷発行
2018年1月15日　初版第三刷発行

著　者　　森口佑介
発行人　　末原達郎

発行所　　**京都大学学術出版会**

京都市左京区吉田近衛町69番地
京都大学吉田南構内（〒606-8315）
電話　（075）761-6182
FAX　（075）761-6190
URL　http://www.kyoto-up.or.jp
振替　01000-8-64677

ISBN978-4-87698-227-1
Printed in Japan

印刷・製本　㈱クイックス
定価はカバーに表示してあります

本書のコピー，スキャン，デジタル化等の無断複製は著作権法上での例外を除き禁じられています。本書を代行業者等の第三者に依頼してスキャンやデジタル化することは，たとえ個人や家庭内での利用でも著作権法違反です。